Schwangerschafts-gymnastik und Geburtsvorbereitung

Schoko

Lieselotte Keller

Schwangerschaftsgymnastik und Geburtsvorbereitung

Mehr als 60 Übungen zur optimalen Geburtsvorbereitung

Haltungs- und Bewegungsformen, Ernährung, Körperpflege und Massagen

Mutterschutzbestimmungen, finanzielle Hilfen und nützliche Adressen

FALKEN

Inhalt

Vorwort

Die Zeiten haben sich geändert und wir uns mit ihnen – übertragen auf Schwangerschaft und Geburt bedeutet dies einen Wandel von der eher passiven Mutterrolle zur aktiven Begleitung des ungeborenen Lebens in all seinen Entwicklungsstadien bis hin zu einer gut vorbereiteten Entbindung. Ein Spektrum, das uns bislang verschlossen war, eröffnet uns heute die High-Tech-Medizin, indem sie Einblicke in das Lebensumfeld des Ungeborenen gewährt und Zusammenhänge menschlichen Lebens offenlegt: eine Herausforderung an die werdende Mutter zu einer selbstbestimmten und verantwortungsvollen Lebensführung, in der die moderne Schwangerschaftsgymnastik ihre geburtsvorbereitende Aufgabe zu erfüllen hat. Doch sollte sich die Geburtsvorbereitung nicht ausschließlich auf die Vermittlung von Verhaltensregeln und das Einüben bestimmter Techniken im Hinblick auf einen organisierten Geburtsverlauf beschränken. Sie sollte mehr sein und Impulse geben, die die Schwangerschaft als ein positives, einmaliges Erlebnis prägen. Denn Schwangerschaft ist keine »graue Leidenszeit«, sondern eine erwartungsfrohe und wertvolle Phase im Leben einer jeden werdenden Mutter. Gerade in der heutigen Zeit, in der wir – im Gegensatz zu vorherigen Müttergenerationen – doch weitestgehend selbst entscheiden können, ob und wann wir ein Kind haben möchten, sollten wir jede Gelegenheit nutzen, uns mit dem Prozeß Schwangerschaft auch geistig und seelisch auseinanderzusetzen. Hierfür bietet die tägliche Viertelstunde Gymnastik geradezu eine ideale Gelegenheit, um in völliger Harmonie zwischen Körper, Geist und Seele die eigenen natürlichen Kräfte zu erfahren, mit denen wir Frauen Immenses zu leisten vermögen. Darin unterscheiden wir uns ganz besonders von unseren Müttern: Wir haben eine andere Einstellung zur Schwangerschaft und haben außerdem gelernt, den Partner mehr in unsere Erlebniswelt mit einzubeziehen. So dürfte es überwiegend an uns selber liegen, wie wir aktiv unsere Schwangerschaft erleben und letztlich durch eigene Mithilfe zu einem positiven Geburtserlebnis beitragen können.

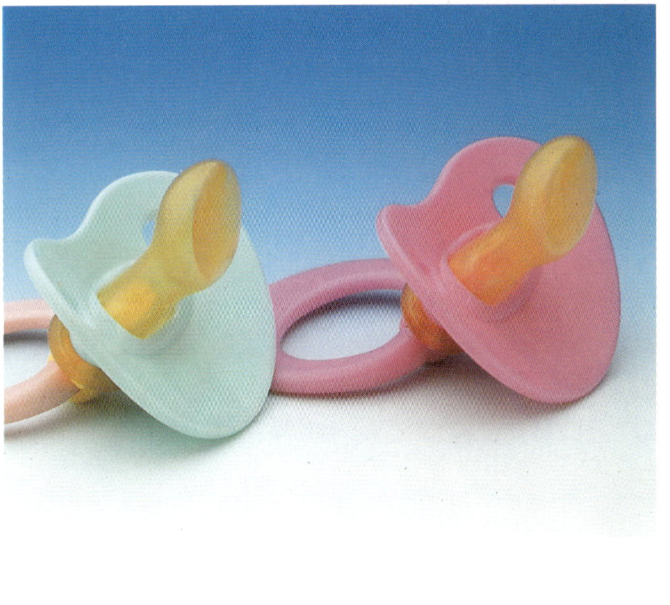

Körperbewußtsein

Für jede Frau ist die Schwangerschaft – die Zeit der »anderen Umstände« – etwas ganz Besonderes. So wie sich Körper und Seele verändern und die werdende Mutter zunehmend beeinflussen, so verändert sich gleichfalls ihr Körperbewußtsein. Lernen Sie Ihren Körper neu kennen! Und gestalten Sie Ihre Schwangerschaft und die Geburt Ihres Kindes aktiv mit, indem Sie lernen, mit natürlichen Mitteln (Bewegungs- und Entspannungsformen) und mit den außergewöhnlichen Reaktionen Ihres Körpers umzugehen.

Schwangerschaft und Geburtsvorbereitung

Die Chancen für eine problemlose Schwangerschaft und Geburt waren noch nie so gut wie heute: Eine moderne Geburtsmedizin kümmert sich darum, daß die werdende Mutter und ihr Kind von der ersten Schwangerschaftswoche an bis zur Geburt optimal versorgt werden. Regelmäßige Vorsorgeuntersuchungen verbunden mit einer umfassenden medizinischen Aufklärung über den gesamten Schwangerschaftsverlauf tragen dazu bei, gesundheitliche Gefahren für Mutter und Kind frühzeitig zu erkennen und dadurch eventuelle Gesundheitsstörungen rechtzeitig behandeln zu können.
Doch bei all diesen guten Voraussetzungen hängt der Verlauf der Schwangerschaft oft nicht unwesentlich von der Einstellung der Schwangeren zu ihrem Körper und ihrer neuen Lebensphase ab – denn die beste Geburtsmedizin kann nur soviel ausrichten, wie die werdende Mutter bereit ist, ihren Beitrag zu leisten. Dazu muß sie allerdings ihren eigenen Körper in all seinen naturgesetzlichen Funktionen *begreifen* und die körperlichen und seelischen Veränderungen während der Schwangerschaft verstehen lernen. Das Bewußtsein, mit einem Mal für zwei Körper und Seelen verantwortlich zu sein, wird letztlich wohl jede Frau motivieren, sich intensiv auf die Geburt vorzubereiten. Dieser Aufgabe möchte ich mich in erster Linie mit meinem Buch widmen und eine gesunde und schwangerschaftsgerechte Körperschulung vorstellen, bei der auch der Partner, also der werdende Vater, eine Freundin oder aber eine andere vertraute Person, miteinbezogen werden kann.
Die angebotenen Gymnastikprogramme verbinden aktuelle Erkenntnisse der modernen Schwangerschaftsgymnastik mit Elementen der bekannten Methoden nach *Dick-Read* und *Lamaze*. Hierbei handelt es sich um verschiedene Entspannungs- und Atemtechniken, mit denen die Frau in bestimmten Phasen der Geburt die Wehen sozusagen »wegatmet« und damit den schmerzauslösenden Verkrampfungen entgegenwirken kann. Gleichzeitig wird das Baby während des Geburtsvorgangs in ausreichendem Maße mit Sauerstoff versorgt. Während die *Dick-Read-Methode* primär auf die Körperfunktion (Atemtechnik) ausgerichtet ist, stellt die *Lamaze-Methode* durch die Einbeziehung

Geburtsvorbereitung bedeutet, sich Zeit nehmen, die ausschließlich einem selbst und dem ungeborenen Baby gehört

des Partners die psychische Komponente in den Vordergrund: Der Partner soll die Atemtechniken kontrollieren und erforderlichenfalls korrigierend eingreifen. Darüber hinaus soll er in bestimmten Situationen der werdenden Mutter durch eingeübte Massagegriffe Erleichterung verschaffen.
Die zusätzlich integrierten Entspannungsübungen nach *Feldenkrais* sollen in erster Linie das Körperbewußtsein verstärken. Zur gleichen Zeit möchte ich damit aber auch dem berechtigten Wunsch vieler Frauen nach einer psychosomatischen Schwangerschaftsbegleitung entsprechen. Dies betrifft insbesondere jene, die alleinstehend sind oder im Spannungsfeld zwischen Beruf und Familie stehen. Doch gleich welcher Gymnastik oder Technik man den Vorzug geben wird, erst eine *regelmäßig* betriebene Gymnastik vermag ein natürliches Körpergefühl zu vermitteln – die unerläßliche Voraussetzung zur aktiven Vorbereitung auf die Entbindung.
Da die Wirbelsäule während der Schwangerschaft durch die stete Gewichtszunahme und der damit auch zusammenhängenden »Vorderlastigkeit« des wachsenden Bauches extrem beansprucht wird, sind Rückenschmerzen häufig die Folge. Aus diesem Grunde habe ich *Übungen zur korrekten Körperhaltung*, so wie sie heutzutage von Rückenschulen im Rahmen der Gesundheitsvorsorge gelehrt werden, vorangestellt. Wirbelsäulenfreundliche Haltungs- und Bewegungsformen lindern nicht nur schwangerschaftsbedingte Rückenbeschwerden, sondern bilden vielmehr die Grundlage für eine wirkungsvolle Schwangerschaftsgymnastik. Abgesehen davon wird die werdende Mutter die korrekte Körperhaltung, die sie im Rahmen ihrer Schwangerschaftsgymnastik erlernt hat, auch noch nach der Entbindung nutzen können.

Grantly Dick-Read, Pionier der psychosomatischen Geburtshilfe, entfachte in den 20er Jahren die Auseinandersetzung um die „natürliche" Geburt

Heute nimmt die Schwangerschaft im Leben einer Frau einen ganz anderen Stellenwert ein als noch vor nicht allzu langer Zeit: Umfassende Informationen durch das gesamte Spektrum der Medien und individuelle medizinische Aufklärung fordern die werdende Mutter zur Aktivität heraus und arbeiten damit dem verhängnisvollen Syndrom *Angst – Verkrampfung – Schmerz* wirkungsvoll entgegen. Das hierdurch gewonnene Selbstvertrauen der Frau in ihre natürlichen Kräfte und Fähigkeiten trägt entscheidend dazu bei, das eigene Ich im funktionellen Einklang mit dem jungen Leben unter ihrem Herzen neu zu positionieren und dadurch die Schwangerschaft als eine wertvolle Zeit der *weiblichen Selbsterfahrung* zu erleben.

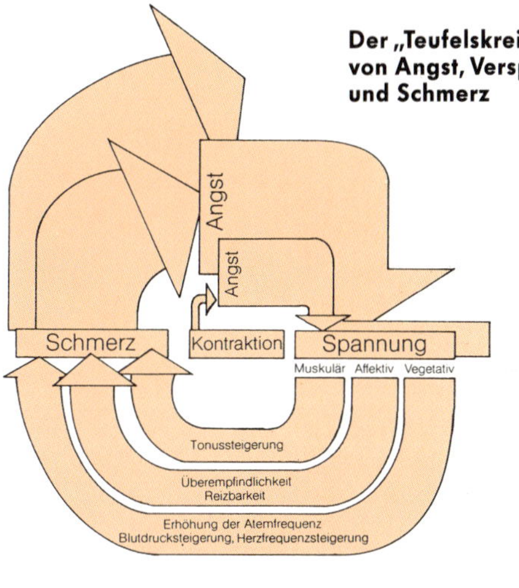

Der „Teufelskreis" von Angst, Verspannung und Schmerz

Wie sich Ihr Körper verändert

Wie jede Frau, so werden sicherlich auch Sie Ihre Schwangerschaft als ein Ereignis erleben, das Ihnen bewußt macht, wie sehr Körper, Geist und Seele miteinander verbunden sind und sich gegenseitig beeinflussen. Während der ersten Schwangerschaftswochen spüren Sie zwar noch nichts von Ihrem Kind, dafür aber umso mehr, wie sich Ihr Organismus, besonders Hormonhaushalt und Stoffwechsel, drastisch verändert. Hormone, körpereigene Wirkstoffe, betätigen sich als Informationsträger und stellen Ihren Körper in geradezu atemberaubender Geschwindigkeit auf *schwanger* um:

Die Brust wird größer und spannt manchmal. Der Warzenhof, die Scheide und die großen Schamlippen färben sich dunkler. Der gesamte Körper beginnt, sich auf die großen Anforderungen, die Schwangerschaft und Geburt an sämtliche Organfunktionen richten, allmählich vorzubereiten.

Das Herz-Kreislauf-System ist jetzt auf Höchstleistung programmiert und muß etwa ein Viertel mehr Arbeit leisten als vorher. Das Herz schlägt nun schneller und pumpt bis zum Ende der Schwangerschaft zwischen 1,5 und 2 Liter mehr an Blut durch den Körper, um die Gebärmutter und das Ungeborene ausreichend mit Sauerstoff versorgen zu können. Unangenehme Begleiterscheinungen wie beispielsweise Nasenbluten, verstärkter Harndrang, Zahnfleischbluten oder weißlicher Ausfluß aus der Scheide sind Folge der intensiveren Durchblutung. Blutdruckschwankungen, Schwindelgefühle, Müdigkeit, Kopfschmerzen, Übelkeit und Erbrechen und sogar Ohnmachtsanfälle können als anfängliche Erscheinungen der hormonellen Umstellungsphase auftreten. Bei all diesen möglichen Nebenwirkungen, die sonst symptomatisch für Erkrankungen sind, handelt es sich hier um ganz natürliche Schwangerschaftssymptome, die sich in der Regel vom 4. Schwangerschaftsmonat an wieder normalisieren. Dennoch gerät die werdende Mutter nicht selten zunächst in einen Zwiespalt zwischen ihren Empfindungen einerseits und dem Verständnis für ihren Körper andererseits, wodurch das Gefühlsleben häufig ganz erheblich durcheinander gerät. Gefühlsschwankungen, die von der Euphorie bis zur Depression reichen können, gehören zu den klassischen Begleiterscheinungen einer Schwangerschaft. Das bewußte Auseinandersetzen mit der aktuellen Lebensphase und die Akzeptanz der sogenannten »anderen Umstände« werden Ihnen jedoch helfen, eine neue Beziehung zu Ihrem Körper aufzubauen und somit die Harmonie zwischen Körper, Geist und Seele wieder herzustellen.

Innerlich wie äußerlich passen Sie sich Ihren »anderen Umständen« an. So gut wie kein Bereich des Körpers bleibt davon unberührt

Die Wirbelsäule – ein biegsamer Lastträger

Der weibliche Stütz- und Bewegungsapparat ist bereits in seiner natürlichen Struktur bestens für Schwangerschaft und Geburt angelegt: So ist bei der Frau der Raum zwischen Brustkorb und Becken größer, die Lendenwirbelsäule etwas länger und das Bekken naturgemäß breiter als beim Mann. Durch die Gewichtszunahme des Kindes und den wachsenden Bauchumfang der werdenden Mutter verlagert sich der Körperschwerpunkt bei aufrechter Haltung nach vorne zum Bauchnabel hin und beeinträchtigt dadurch die gesamte Körperstatik. Dies wiederum führt zu den berüchtigten schwangerschaftsbedingten Rükkenschmerzen. Viele Frauen versuchen, häufig unbewußt, mit einer unnatürlichen Körperhaltung, die auch als Schwangeren- oder Entengang bezeichnet wird, dieser »Vorderlastigkeit« entgegenzuwirken. Wenngleich die auf diese Weise verstärkte Hohlkreuzhaltung für eine momentane Erleichterung sorgt, so ist aber dennoch die Schmerzlinderung oder gar völlige Schmerzfreiheit nicht von Dauer. Die Wirkung ist geradezu gegenteilig. Die Rückenmuskulatur wird durch die Hohlkreuzhaltung und der damit zusammenhängenden verstärkten Beckenneigung überfordert und antwortet mit umso stärkeren Schmerzen.

Neben der veränderten Statik bewirkt die Umstellung des Hormonhaushalts eine Auflockerung und Aufweichung aller Muskel- und Gewebsstrukturen, um beispielsweise die straffen Gelenkverbindungen zwischen Lendenwirbelsäule und Becken sowie die Verbindung der beiden Schambeinäste »aufzuweichen« und dadurch dem Baby den Geburtsweg zu erleichtern. Wichtige Halte- und Arbeitsfunktionen der Muskeln und Bänder werden also durch diesen Vorgang eingeschränkt.

Die Krankenkasse bietet in vielen Städten und Gemeinden spezielle Kurse zur Rücken- und Wirbelsäulengymnastik an, an denen auch Mitglieder anderer Krankenkassen – gegen Gebühr – teilnehmen können

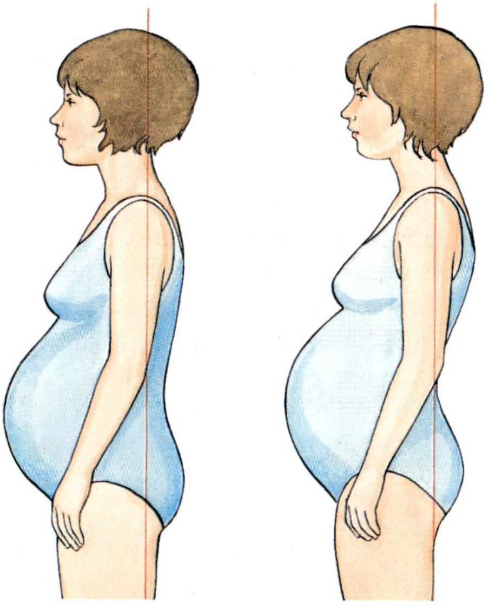

Guter (links) und schlechter (rechts) Ausgleich der Lendenlordose

Damit sich dies nicht durch unangenehme und schmerzhafte Kreuzbeschwerden bemerkbar macht, sollten Sie sich schon frühzeitig mit der Funktion der Wirbelsäule vertraut machen, um durch ein wirbelsäulenfreundliches Körperverhalten den typischen Rückenschmerzen der Schwangeren vorbeugen bzw. wirkungsvoll begegnen zu können.

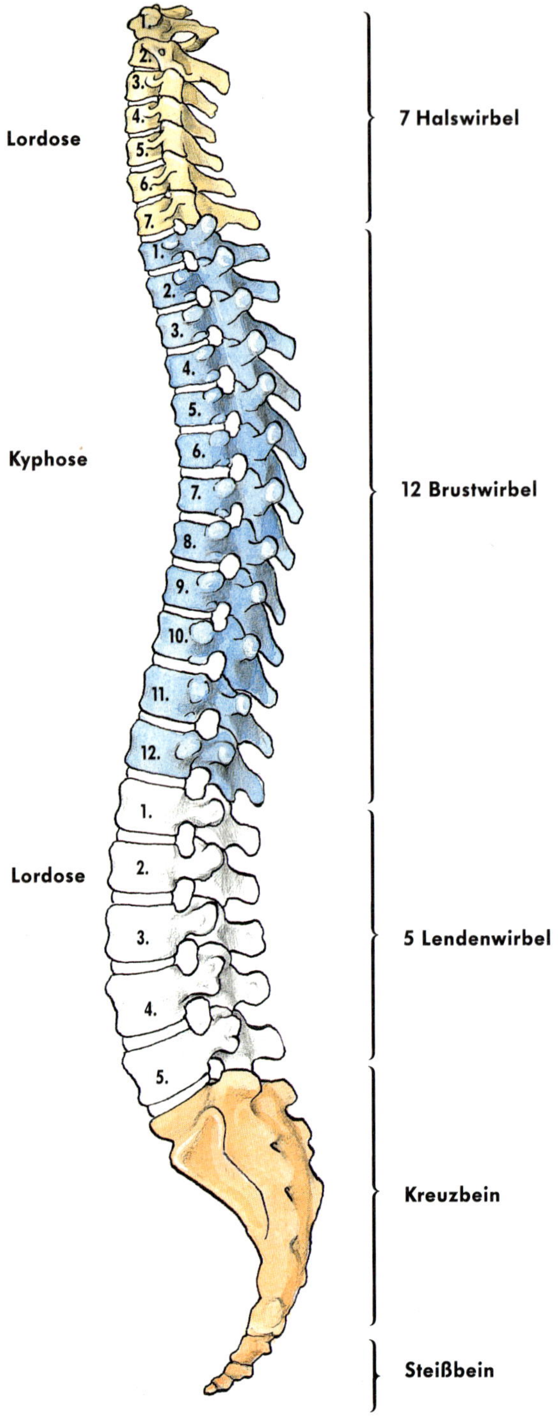

Krümmung der Wirbelsäule in Normalstellung

Die Wirbelsäule trägt in ihrer Eigenschaft als Achsenskelett den Kopf und stützt den Rumpf. Die hierbei auf sie einwirkenden Kräfte werden aufgrund der s-förmigen Krümmung des Rückgrats auf die Scheitel (= höchster Punkt einer Kurve) der Halslordose, der Brustkyphose und der Lendenlordose verteilt, so daß die Muskeln und Bänder deutlich entlastet werden. Das ihrer Eigenform anhaftende Schwingungsvermögen ermöglicht der Wirbelsäule, Erschütterungen und Stöße abzufangen, wobei die zwischen den einzelnen Wirbelkörpern liegenden Bandscheiben eine ganz wesentliche Aufgabe zu erfüllen haben. Die Bandscheiben, in ihrer Funktion mit einem elastischen Puffer vergleichbar, sind mit den über und unter ihr liegenden Wirbelkörpern durch Bandstrukturen fest verbunden. Dadurch ermöglichen sie erst die Beweglichkeit der einzelnen Wirbelkörper untereinander und stellen auf diese Weise eine Funktionseinheit zwischen Wirbelsäule und Becken her, welche für die Körperbalance von grundlegender Bedeutung ist. Hilfreiche Unterstützung erfährt die Wirbelsäule außerdem durch eine kräftige Rumpfmuskulatur. Bauch- und Rückenmuskeln leisten durch Zug und Gegenzug einen wichtigen Beitrag zur Haltearbeit, die gerade in der Schwangerschaft gefordert ist. Richten Sie also Ihr Augenmerk auf eine gut trainierte Rumpfmuskulatur. Eine untrainierte bzw. geschwächte Bauch- und Rückenmuskulatur ist neben der Belastung durch die Schwangerschaft oftmals der eigentliche Grund für Ihre Rückenschmerzen.

Die Muskulatur von Brust, Bauch, Rücken und Beckenboden

Während der Schwangerschaft unterliegt die Muskulatur von Brust, Bauch, Rücken und Beckenboden einer extremen Beanspruchung und bedarf daher eines gezielten Trainings, das möglichst frühzeitig in die Schwangerschaftsgymnastik integriert werden sollte.
Durch die hormonelle Umstellung wird Ihr Busen voller – das Drüsengewebe bereitet sich allmählich auf die Produktion der Muttermilch vor. Im Laufe der Schwangerschaft kann Ihre Brust bis um die 600 g schwerer werden. Durch die schon beschriebene Auflockerung des Muskelgewebes und des nun größeren Gewichts kann es folglich zu einer Brustsenkung kommen. Beugen Sie dem vor, und kräftigen Sie Ihre Brustmuskulatur in Verbindung mit einer erweiterten Gymnastik für Ihre Bauch- wie auch Rückenmuskulatur.
Viele Frauen haben, ohne es zu wissen, eine unterentwickelte Bauchmuskulatur. Dabei ist ein intaktes und gut trainiertes Bauchmuskelsystem gerade in der Schwangerschaft äußerst wichtig. Gemeinsam mit der Beckenbodenmuskulatur und den Haltebändern der Gebärmutter hält diese Muskelgruppe die Beckenorgane in der richtigen Lage und sorgt außerdem für die aufrechte Körperhaltung, indem sie in Zusammenarbeit mit der Rückenmuskulatur der Wirbelsäule Halt gibt und gleichzeitig das Becken sowie die Lendenwirbelsäule stabilisiert.

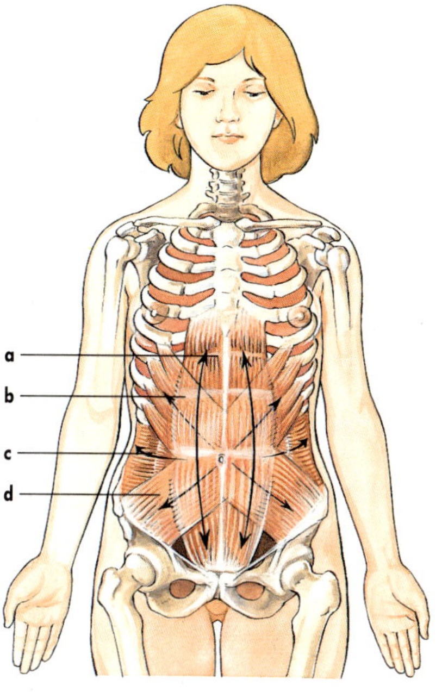

Vergurtung der Bauchwand durch die Bauchmuskulatur:
a) gerader Bauchmuskel,
b) äußerer schräger Bauchmuskel,
c) Quermuskel,
d) innerer schräger Bauchmuskel

Die Bauchmuskeln sind aufgrund ihrer verschiedenen Funktionen längs-, quer- und schrägverlaufend angeordnet und vergurten sozusagen die Bauchwand. Grundsätzlich sind sie an allen Bewegungen des Rumpfes beteiligt, wobei der Grad ihrer Beteiligung jedoch von der jeweiligen Bewegungsrichtung des Rumpfes abhängt. So bewirken z. B. die längsverlaufenden Muskeln eine Rumpfneigung nach vorne, während eine seitliche Rumpfbeugung von dem schrägverlaufenden Bauchmuskel der betreffenden Körperseite und eine Rumpfdrehung von beiden schrägverlaufenden Bauchmuskeln ausgeführt wird.

In der Regel reichen die täglichen, oft einseitigen Haltungs- und Bewegungsformen jedoch nicht aus, um das für eine kräftige Bauchmuskulatur erforderliche Zusammenspiel sämtlicher Muskelgruppen ausreichend zu trainieren. Eine entsprechende Ausgleichsgymnastik, die die Koordination sämtlicher Muskelgruppen einübt, gewährleistet hingegen ein stabiles Muskelkorsett, das gerade in der Schwangerschaft den muskulären Dehnungen bzw. Überdehnungen effektiv entgegenwirkt.

Ein weiterer wichtiger Grund für das Trainieren der Bauchmuskulatur ist die sogenannte *Bauchpresse*, die bei der Geburtsarbeit eine bedeutende Rolle spielt und Ihnen unverzichtbare Hilfe leistet. Bei der Bauchpresse handelt es sich um die reflektorische (reflexbedingte) Kontraktion der Bauchmuskulatur zur Unterstützung der Austreibung. Eine gut trainierte Bauchmuskulatur kann Ihnen und Ihrem Kind die Geburt folglich erheblich erleichtern bzw. deutlich verkürzen.

Eine gut trainierte Bauchmuskulatur erleichtert die Geburtsarbeit

Zu Gast in der Rückenschule

Ein gesundes Körperverhalten ist Voraussetzung für eine wirkungsvolle Schwangerschaftsgymnastik, die auf einer natürlichen Abfolge von Haltungs- und Bewegungsformen aufbaut. Doch leider hat die hochentwickelte Technik unserer Zeit, die uns so viele Annehmlichkeiten beschert, auch ihren Preis: Sie beeinflußt täglich unser Bewegungsverhalten. So gehen wir kaum noch zu Fuß. Auto, Bahn und Fahrstuhl ermöglichen uns, auch kleinste Wegstrecken bequem zurückzulegen. Am Arbeitsplatz und zu Hause ist alles wegesparend eingerichtet und ausgestattet, so daß entlastendes Aufstehen und wohltuendes Gehen immer weniger erforderlich werden. Vorwiegend sitzende Tätigkeiten und unnatürliche Bewegungsabläufe führen zur Entkräftung der Bauch- und Rückenmuskulatur. Kurzum: Wir müssen wieder lernen, was wir als Kleinkind unbewußt richtig gemacht haben, nämlich ein wirbelsäulengerechtes Körperverhalten. Um eine Korrektur unserer unter Umständen über Jahre hinweg andauernden körperlichen Fehlhaltung zu bewirken, sollten wir zunächst einmal unsere übliche Körperhaltung beobachten.
Das bewußte Wahrnehmen von rückenschädlichen Haltungs- und Bewegungsformen ist Grundvoraussetzung, um falsches Körperverhalten abzulegen und eine korrekte Körperhaltung wieder neu zu erlernen. Regelmäßiges Üben und Trainieren – und hierzu bietet die Zeit der Schwangerschaft eine gute Gelegenheit – wird Ihnen schließlich ein natürliches Körperempfinden vermitteln und zu einem gesunden Körperbewußtsein, das sich auch wohltuend auf die Psyche auswirkt, beitragen.

Vermeiden Sie beim Stehen oder Sitzen eine Hohlkreuzhaltung! Richten Sie Ihr Becken auf, und halten Sie es in der sogenannten »Mittelposition«

Gesunde Haltungs- und Bewegungsformen

Stehen

Grundstellung:
Grätschstellung einnehmen.
Den Oberkörper anheben, indem beide Schulterblätter in Richtung Wirbelsäule gezogen werden.
Das gesamte Körpergewicht auf beide Beine gleichmäßig verteilen.

Schrittstellung:
Einen Fuß um etwa eine halbe Fußlänge nach vorne setzen.
Den Oberkörper anheben, indem beide Schulterblätter nach hinten in Richtung Wirbelsäule gezogen werden.
Beide Knie durchdrücken.

Entspannungsstellung:
Im Grätschstand den gesamten Körper an die Wand lehnen und dabei die Knie leicht beugen.
Die Arme locker am Körper entlang hängen lassen.
➠ Bei Bewegungen im Stehen den Rücken niemals verdrehen. Unvermeidliche Drehbewegungen sollen daher stets aus der Hüfte heraus und immer gleichzeitig mit den Schultern erfolgen.

Sitzen
Normalstellung:
Auf einem Stuhl oder Hocker eine gerade Sitzhaltung einnehmen.
Den Oberkörper anheben, die Schulterblätter nach hinten ziehen und den Kopf entspannt aufrichten.
Die Oberschenkel liegen waagrecht auf der Sitzfläche auf.
Die Knie sind in einem Winkel von 90° gebeugt.
Die Füße stehen bequem und mit geringem Abstand voneinander auf dem Fußboden, wobei die Fußspitzen leicht nach außen zeigen.

Arbeitsstellung:
Die Sitzfläche des ergonomischen Stuhls (drehbar, Sitzhöhe und Rükkenlehne verstellbar) soll so eingestellt sein, daß bei einer geraden Sitzhaltung (Oberkörper anheben, Schulterblätter nach hinten ziehen, Kopf entspannt aufrichten) die am Oberkörper anliegenden Arme mit einer Beugung von 90° in den Ellenbogengelenken waagrecht auf der Arbeitsfläche abgelegt werden können.

Wenn Sie überwiegend im Sitzen arbeiten, sollten Sie darauf achten, daß Sie Höhe und Neigungswinkel der Sitzfläche sowie die Rückenlehne des Stuhls Ihren Körpermaßen entsprechend verändern können

Korrektes Sitzen am Schreibtisch

Die Oberschenkel liegen waagrecht auf der Sitzfläche auf.
Wenn möglich, die Füße auf ein Fußbänkchen stellen, wobei die Knie im stumpfen Winkel gebeugt sein sollen.
Wenn möglich, ein Keilkissen auf dem hinteren Teil der Sitzfläche benutzen.
Die Rückenlehne so einstellen, daß sie in der beschriebenen Sitzhaltung den Rücken in Höhe der Lendenwirbel abstützt.

Liegen
Nicht jede Liegestellung, die bequem ist, entlastet auch den Rücken. Nur eine physiologisch richtige Liegeposition, in der die Wirbelsäule weder verkrümmt noch verdreht ist, d.h., in ihrer natürlichen Biegung erhalten bleibt, ermöglicht den Bandscheiben, sich auszudehnen und dabei Gewebsflüssigkeit aufzunehmen, was für ihre Ernährung und damit Erhaltung ihrer Funktionstüchtigkeit außerordentlich wichtig ist. Solange wir im wachen Zustand liegen, können wir jederzeit eine für die Wirbelsäule ungünstige Position korrigieren oder eine andere ebenfalls bandscheibengerechte Liegestellung einnehmen. Anders verhält es sich aber, wenn wir schlafen und uns unkontrolliert in eine vermeintlich bequeme Lage drehen.
Solche Fehlstellungen lassen sich jedoch ohne weiteres vermeiden, indem wir die richtigen Liegepositionen so intensiv einüben, daß sie fest in unserem Unterbewußtsein eingeprägt sind und wir sie im Laufe der Zeit buchstäblich »wie im Schlaf« beherrschen.

Rückenlage:
Den Körper entspannt ausstrecken. Den Kopf auf einem flachen Kissen lagern und die Arme locker am Körper entlang ablegen.
Die Beine leicht gegrätscht ausstrecken und, wenn möglich, eine Knierolle unter die Kniekehlen legen, wodurch Sie eine weitere, angenehme Entlastung der Wirbelsäule erzielen.

Seitlage:
Den Rücken in der Seitlage gerade halten.
Beide Beine gleichmäßig leicht anziehen.
Den Kopf auf einem flachen Kissen lagern und die Hand der aufliegenden Armseite unter das Ohr legen.
Den freien Arm vor dem Körper ablegen.

Bauchlage:
Den Kopf auf der Unterlage (oder Kissen) lagern, wobei die Stirn auf den übereinandergelegten Händen ruht.
Den Körper entspannt ausstrecken, dabei die Beine leicht grätschen.
Die Füße liegen entspannt auf dem Fußrücken.

Stufenlagerung (Entspannungshaltung):
Rückenlage einnehmen.
Den Kopf auf ein flaches Kissen legen und beide Arme locker sowie entspannt am Körper entlang ablegen.
Beide Unterschenkel so auf ein hohes, festes Kissen (z. B. Sitzkissen) lagern, daß eine Kniebeugung von 90° erfolgt. Auf diese Weise entlasten Sie Ihre Wirbelsäule am besten.

Seitlage

Stufenlagerung

Ein gesundes Liegen hängt nicht nur von einer physiologisch richtig eingenommenen Liegehaltung ab, sondern erfordert auch eine wirbelsäulenfreundliche Matratze. Die weithin verbreitete These, eine sogenannte Bandscheibenmatratze müsse sehr hart sein, ist mittlerweile überholt. Richtig ist vielmehr, daß die Matratze durch ihre Federwirkung der Wirbelsäule sowohl Halt als auch genügend Bewegungsspielraum geben soll, um ihre natürliche Form nicht zu beeinträchtigen. Die Matratze darf also weder zu hart noch zu weich sein. Hinsichtlich ihrer qualitativen

Verarbeitung können die Ansprüche nicht hoch genug gestellt werden. Denn eine Matratze, die schon nach kurzer Gebrauchszeit durchgelegen ist, läßt nicht selten den Körper unmerklich »durchhängen«. Die Folgen stellen sich oft erst viel später in Form von Rückenbeschwerden ein. Vor allem ist es wichtig, daß die Matratze auf einem festen Untergrund (Lattenrost o. ä.) aufliegt, um einen »Hängematteneffekt«, wie er bei durchgelegenen Matratzen entsteht, zu vermeiden.

Hinlegen

Normalstellung:

Mit dem Rücken so dicht wie möglich an die Liegestätte herantreten und die Beine dabei leicht grätschen.

Den Rücken gerade halten, den Oberkörper leicht nach vorne neigen und gleichzeitig in die Knie gehen.

Nun das Körpergewicht langsam von den Beinen in Richtung Liegestätte verlagern und hinsetzen.

Eine Sitzstellung einnehmen und seitwärts mit dem am Oberkörper anliegenden Arm auf die Liegefläche abkippen.

Die Beine angewinkelt auf die Liegefläche hochziehen, die Arme auf der Brust verschränken und sich mit den angewinkelten Beinen en bloc auf den Rücken drehen.

Dann die Beine ausstrecken, die Arme neben dem Körper locker ablegen und eine entspannte Körperhaltung einnehmen.

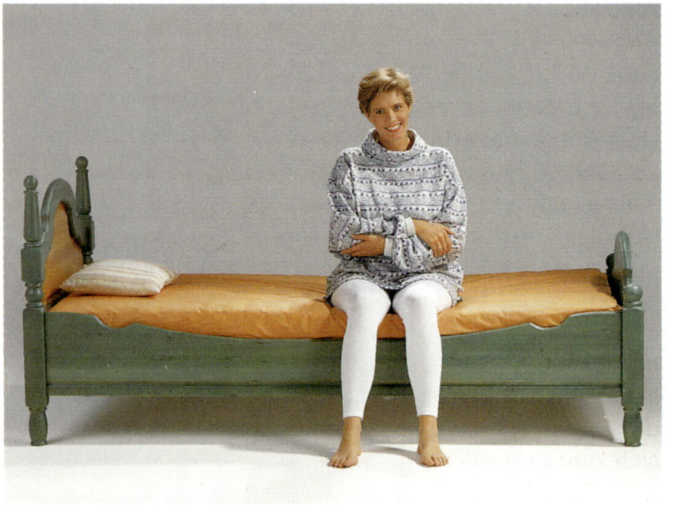

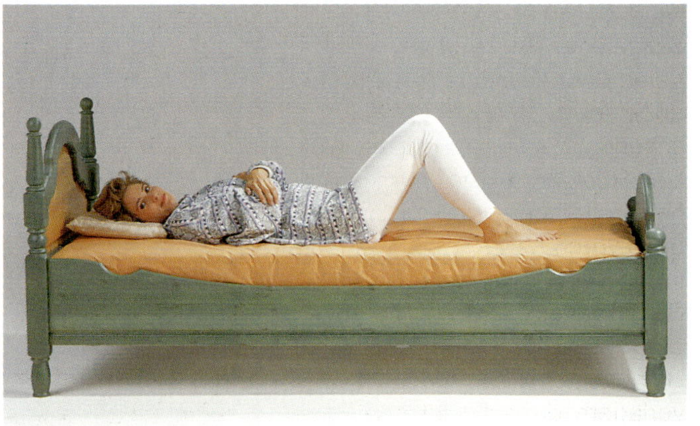

Die Abbildungen rechts zeigen Ihnen in drei einzelnen Phasen, wie Sie sich möglichst rückenschonend hinlegen können

Aufstehen

Aus der Liegestellung:

Beide Fußsohlen auf der Liegefläche (z.B. Bett) aufstellen.
Die Arme auf der Brust verschränken und so den Körper zur Aufstehseite hin drehen.
Nun die Beine über die Kante hängen lassen.
Mit der Hand der nichtaufliegenden Seite den Körper abstützen und dabei mit dem Ellenbogen der aufliegenden Seite den Körper von der Liegefläche wegdrücken und sich zum Sitzen aufrichten.

Aus der Sitzstellung:

Gerade Sitzhaltung einnehmen.
Die Knie im Winkel von 90° beugen und die Füße gegrätscht aufstellen.
Beide Hände auf die Oberschenkel legen.
Den aufrechten Oberkörper leicht nach vorne neigen und durch Druck der Hände auf die Oberschenkel den Körper zum Stand aufrichten.

Hinsetzen

Aus dem Grätschstand:

Mit dem Rücken so dicht wie möglich an die Sitzgelegenheit herantreten und die Beine dabei leicht grätschen.
Den Rücken gerade halten, den Oberkörper nach vorne neigen und in die Knie gehen.
Beim Hinsetzen das Körpergewicht langsam von den Beinen in Richtung Sitzfläche verlagern, dann die Sitzstellung einnehmen.

Bücken

Normalstellung:

An den Gegenstand, der ein Bücken notwendig macht, dicht herantreten.
Nun die Beine leicht grätschen, den Oberkörper aufrecht halten und in die Hocke gehen.
Mit geradem Oberkörper wieder aus der Hocke aufrichten.

Heben

Normalstellung:

An den zu hebenden Gegenstand dicht herantreten.
Die Beine leicht grätschen, den Oberkörper aufrecht halten und so weit in die Hocke gehen, wie die Höhe des zu hebenden Gegenstands es erfordert.
Nach dem Gegenstand greifen und ihn zum Körper heranführen.
In dieser Haltung mit geradem Oberkörper wieder aufrichten.

Richtiges Heben

Tragen

Normalstellung:

Wenn irgendwie möglich, die Lasten stets gleichmäßig auf beide Arme verteilen und dicht am Körper tragen.
Wenn die Lasten nicht verteilt werden können, dann den zu tragenden Gegenstand mit beiden Händen umfassen und dicht vor dem Körper tragen.

Richtiges Tragen (links)

Strecken

Normalstellung:

Dicht an den Gegenstand oder die Fläche herantreten.
Den Körper in eine Haltung bringen, die keinen Winkel mehr aufweist.
Gleichzeitig die Arme hochheben, wobei die Ellenbogen bei maximaler Ausrichtung noch eine leichte Beugung ausweisen sollen.
Die Beine leicht grätschen und Knie durchdrücken, ohne sich dabei jedoch auf die Zehenspitzen zu stellen und ohne den Rumpf zu drehen.
Den Kopf in Mittelstellung halten, um ein Überstrecken nach hinten (Überdehnung der Halswirbelsäule) zu vermeiden.

Entlastendes Strecken (rechts)

Schwangerschaftsgerechtes Körperverhalten

Wie bereits schon erwähnt, bildet eine korrekte Körperhaltung, so wie sie heutzutage in Rückenschulen vermittelt wird, die Basis, auf der Sie nun problemlos schwangerschaftsgerechte Haltungs- und Bewegungsformen erlernen können. Die Besonderheit Ihrer momentanen körperlichen Situation erfordert es, daß Sie einige bestimmte Verhaltensweisen beachten und gewisse Tätigkeiten von vorneherein vermeiden oder, wenn diese gar unumgänglich sind, wichtige Verhaltensregeln dabei berücksichtigen sollten.
Reduzieren Sie daher schon zu Beginn der Schwangerschaft alle Tätigkeiten, die ein Bücken, Heben, Tragen oder Strecken erfordern, auf das nur unbedingt notwendige Maß. Bei diesen Bewegungsformen ist die Gefahr besonders groß, daß die ohnehin schon stark gedehnte Muskulatur noch weiter überdehnt wird und dadurch noch mehr von ihrer Stütz- und Haltekraft verliert als notwendig. Dies gilt insbesondere für die Bauch- und Beckenbodenmuskulatur und dort vor allem beim Heben und Tragen schwerer Lasten sowie durch zu übertriebenes Strecken.
Gehen Sie »in die Knie«, wenn Sie sich bücken müssen, und achten Sie dabei auf einen aufrechten Oberkörper. Heben und Tragen von Lasten sollten Sie während der gesamten Schwangerschaft grundsätzlich unterlassen bzw. ausschließlich auf leichtgewichtige Gegenstände beschränken. Bitten Sie lieber um Hilfe. Müssen Sie sich strecken, beispielsweise beim Wäscheaufhängen, dann entlasten Sie Ihre Bauchdecke, indem Sie ein Bein etwas erhöht auf einen Schemel stellen und Ihr Körpergewicht auf das Standbein verlagern. In ähnlicher Weise können Sie sich auch das Stehen etwas angenehmer machen, wobei Sie allerdings längeres Stehen während der Schwangerschaft prinzipiell vermeiden sollten. Genauso ungesund ist das Sitzen mit übereinandergeschlagenen Beinen. Nicht nur bei Schwangeren können durch den so verursachten Blutstau in den Venen Krampfadern entstehen.
Das Liegen auf dem Rücken kann besonders in den letzten Schwangerschaftswochen aufgrund Ihrer Leibesfülle und der Kindsbewegungen etwas unangenehm werden. Ein Nackenkissen und eine Knierolle können hier beträchtliche Erleichterung verschaffen. Äußerst wohltuend ist außerdem die Hochlagerung der Beine (siehe Liegen in der Entspannungshaltung S. 19). Oder wechseln Sie doch öfter einmal in die Seitlage mit angezogenen Beinen.
Das Aufstehen, Hinsetzen und Hinlegen sollte stets in der eingeübten wirbelsäulenfreundlichen Bewegungsabfolge für korrektes Körperverhalten geschehen (siehe S. 17 bis 22). Im Anschluß nun einige Übungsbeispiele zur Entspannung und Dehnung.

Bücken, Heben, Tragen oder übermäßiges Strecken sollten Sie während Ihrer Schwangerschaft stets auf das nur unbedingt notwendige Maß reduzieren

Rückflußfördernde Ruhestellungen

Stufenlagerung:
Rückenlage einnehmen.
Den Kopf auf ein flaches Kissen legen und die Arme locker und möglichst entspannt am Körper entlang ablegen.
Beide Unterschenkel auf einem Kissen, Hocker, Stuhl o. ä. (hier Therapieball lagern, so daß eine Knie- und Hüftbeugung von 90° erfolgt. In dieser Position beide Füße 20mal gleichzeitig im Sekundenrhythmus auf- und abbewegen.
Nun beide Füße im Wechsel 20mal auf- und abbewegen.

Stufenlagerung

Stützlagerung an der Wand

Stützlagerung an der Wand:
Rückenlage einnehmen.
Den Kopf auf ein flaches Kissen legen und die Arme locker und entspannt am Körper ablegen.
Beide Füße so gegen die Wand stellen, daß die Knie- und Hüftbeugung jeweils einen Winkel von etwa 50° ergeben.
Beide Füße 20mal im Sekundenrhythmus gleichzeitig gegen die Wand drücken und wieder lockerlassen.
Nun beide Füße im Wechsel 20mal gegen die Wand drücken und wieder lockerlassen.

Bewegungslagerung:
Rückenlage einnehmen.
Den Kopf auf ein flaches Kissen legen und die Arme locker und entspannt am Körper ablegen.
Beide Füße leicht gegrätscht auf der Unterlage aufstellen.
Ein Knie zum Bauch heranziehen und den Oberschenkel mit gefalteten Händen in Höhe der Kniekehle umfassen.
Nun das mit den gefalteten Händen gestützte Bein ausstrecken und im Sekundenrhythmus 20mal den Fuß auf- und abbewegen.
Danach die gleiche Übung mit dem anderen Bein ausführen.

Bewegungslagerung

Venenpumpe:
Im Stand die Beine leicht grätschen und sich an einer Stuhllehne abstützen.
Mit beiden Füßen sich im Sekundenrhythmus gleichzeitig auf die Zehenspitzen stellen (Zehenstand) und wieder auf die Fußsohlen absenken, insgesamt 20mal ausführen.
Nun die gleiche Übung mit beiden Füßen im Wechsel ebenfalls 20mal ausführen.

Beckenbodenschonende Positionen
Krabbelhaltung:
Kniestand einnehmen und die Beine spreizen. Den Oberkörper nach vorne senken und beide Unterarme als Stütze auf den Boden auflegen.
Den Kopf nach unten zwischen den Armen entspannt auf einem flachen Kissen ablegen.
In dieser Position etwa 1 bis 2 Minuten verweilen.

Venenpumpe (oben); Krabbelhaltung (unten); Schneidersitz (rechts)

Schneidersitz:
Auf fester Unterlage aufrechte Sitzhaltung einnehmen, wobei die Beine übereinander verschränkt werden (Schneidersitz).
Beide Hände locker auf den Oberschenkeln ablegen.
In dieser Position etwa 2 bis 5 Minuten verweilen.

Reitersitz

Entspannungspositionen

Reitersitz:

Sitzhaltung auf einem Stuhl so einnehmen, daß die Bauchseite zur Lehne gerichtet ist und die Beine gespreizt sind.
Beide Arme übereinander verschränkt auf der Stuhllehne bequem auflegen.
Den Kopf nach eigenem Empfinden entweder aufrecht halten oder auf den Armen entspannt ablegen. Jedoch nicht den Kopf nach hinten überstrecken!
In dieser Position etwa 2 bis 5 Minuten verweilen.

Gedrehte Seitlage:

Seitlage einnehmen, wobei der untere Arm hinter dem Körper am Rücken entlang abgelegt wird.
Den oberen Arm angewinkelt vor dem seitlich aufliegenden Kopf ablegen.
Das untere Bein ausstrecken.
Das obere Bein anwinkeln und auf einem Kissen ablegen.
In dieser Position etwa 5 Minuten verweilen.
Dann die Körperseite wechseln.

Gedrehte Seitlage

Atemschulung

Atemsystem und Atemformen

Die Atmung spielt während der Schwangerschaft eine ganz bedeutende Rolle, ihre wichtigsten Funktionen sind:

- Sauerstoffversorgung des eigenen Organismus sowie des kindlichen Kreislaufs,
- Entspannungsmaßnahme für das Wohlbefinden der werdenden Mutter mit Auswirkung auf das ungeborene Kind und
- aktive Mithilfe während der gesamten Geburtsarbeit.

Im allgemeinen nehmen wir unsere eigene Atmung im täglichen Leben nur in besonderen Situationen wahr, nämlich bei körperlichen Anspannungs- und Entspannungszuständen, im Krankheitsfall sowie bei psychischen Erregungszuständen. Hierfür hält auch der Volksmund sehr treffliche Redewendungen bereit: So gerät z. B. jemand »außer Puste«, wenn ihn infolge Erschöpfung »die Kräfte verlassen«, oder wir gehen »frische Luft schnappen«, wenn wir uns »entspannen« wollen. Auch können uns 6 Richtige im Lotto vor Freude »den Atem verschlagen«, oder ein gefährlicher Schulweg der Kinder kann uns immer wieder »in Atem halten«. Schließlich werden wir »die Luft ablassen«, wenn wir uns »etwas von der Seele reden«, d. h. endlich etwas aussprechen wollen.
Die Atmung unterliegt also nicht unserer Willkür; sie regelt sich selbsttätig. Gleichwohl können wir aber auf ihren Ablauf Einfluß nehmen, indem wir z. B. flach, tief, langsam, schnell, schnüffelnd, hechelnd atmen oder versuchen, den Atemrhythmus bewußt zu kontrollieren. Dies gibt uns die Möglichkeit, die Atmung in der Anwendung ganz bestimmter Techniken zu trainieren und sie gezielt einzusetzen.
Zum besseren Verständnis der verschiedenen Atemformen sollten wir uns zunächst einmal den mechanischen Ablauf eines Atemvorgangs veranschaulichen:
Bei der Einatmung vergrößert sich der Innenraum des Brustkorbes, weil sich zum einem das Zwerchfell, die Trennmembran zwischen Brust- und Bauchhöhle, zusammenzieht und zum anderen durch die Kontraktion der Zwischenrippenmuskeln die Rippen angehoben werden. Diese Erweiterung des Brustkorbes erzeugt einen Unterdruck, wodurch die Einatmungsluft eingesogen wird und die Lungen sich entsprechend ausdehnen. Gleichzeitig verringert sich der Raum unter dem Zwerchfell, wobei die Eingeweide in die Bauchwand hineingedrängt werden – äußerlich sichtbar durch das Heben der Bauchdecke. Die Einatmung endet mit dem Beginn der Ausatmung, d. h., der Übergang zwischen Ein- und Ausatmung ist fließend.
Die Ausatmung erfolgt überwiegend passiv dadurch, daß die Muskulatur erschlafft und die Dehnungsenergie, die in den elastischen Elementen gespeichert ist,

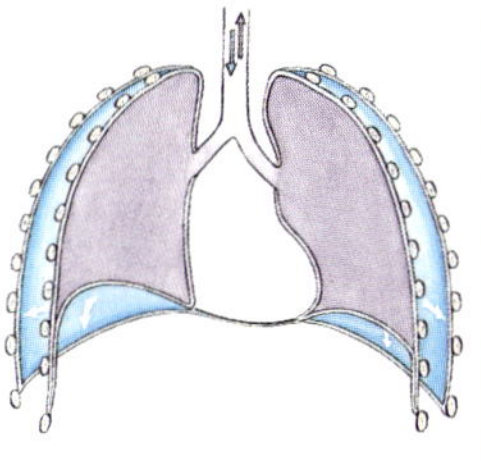

Schematische Darstellung der Lungen- bzw. Brustkorbveränderungen bei der Atmung

die Lunge wieder verkleinert. Das Zwerchfell geht ebenfalls in seine Ausgangsstellung zurück, die Eingeweide werden wieder in ihre Ursprungslage zurückgedrängt.
Bei forcierter Atmung wird die Entleerung der Lungen durch die Kontraktion der Bauchmuskeln unterstützt.

niken erlernen, um diese dann in den verschiedenen Phasen der Geburt kontrolliert, in Form einer eigenen Geburtshilfe, anwenden zu können. Die Geburt verläuft in 3 Phasen:

1. Eröffnungsphase,
2. Übergangsphase und
3. Austreibungsphase.

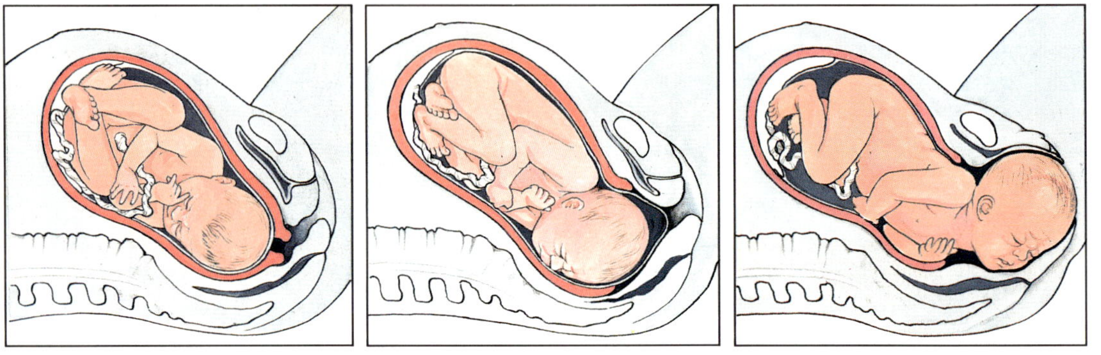

Wird zur Atmung in erster Linie die Zwischenrippenmuskulatur eingesetzt, spricht man von der **Brustatmung**. Werden jedoch zur Hauptsache Zwerchfell und Bauchmuskeln benutzt, spricht man von der **Zwerchfell-** oder **Bauchatmung**.
Zwischen dem Ende der Ausatmung und dem Wiederbeginn der Einatmung liegt ein minimaler, kaum wahrnehmbarer Moment des Nichtatmens, der sich auf den Atemrhythmus auswirkt und in der Atemtherapie als Höhepunkt der Entspannungsphase genutzt wird. Ein Grund, warum beispielsweise jede gymnastische Übung immer mit der Ausatmungsphase beginnt.
In der Schwangerschaftsgymnastik wird Ihnen durch einfache und einprägsame Übungen ein Bewußtsein für die Atmung vermittelt, wodurch Sie bestimmte Atemtech-

Eröffnungsphase (links), Übergangsphase (Mitte) und Austreibungsphase (rechts)

Bei all diesen Geburtsphasen handelt es sich um verschiedene Stadien der Wehentätigkeit, d. h. um Muskelkontraktionen der Gebärmutter, die in unterschiedlicher Intensität und Dauer auftreten.
Unvorbereitete Frauen werden häufig durch diese Vorgänge »überrumpelt« und sind stark verunsichert, da sie es nicht gelernt haben, mit diesen körperlichen Prozessen umzugehen. Unwissenheit erzeugt Angst, Angst läßt uns verkrampfen, und diese Verkrampfung verursacht Schmerz. Daher wird eine verängstigte schwangere Frau kaum eine Chance haben, sich zu entspannen, und sie wird den natürlichen, aber schmerzhaften Muskelkontraktionen entgegen –, anstatt mit ihnen auf das Ziel »Geburt« hinarbeiten.
Gut informierte und vorbereitete Frauen gebären meist wesentlich

einfacher und gelassener. Sie wissen, wie eine Geburt verläuft. Außerdem haben sie gelernt, mit den eingeübten Atemtechniken die Kontraktionen während ihrer gesamten Dauer zu begleiten und damit den Wehenschmerz innerlich zu bejahen und ihn so auch besser ertragen zu können. Den unvermeidlichen Geburtsschmerz werden wir Ihnen nicht nehmen können. Wir wollen Ihnen aber Tips und Informationen geben, was Sie tun können, um sich Entspannung und Erleichterung zu schaffen.

Atmung in der Eröffnungsphase

Die Eröffnungsphase beginnt mit dem Einsetzen der regelmäßigen Wehen (etwa im 10minütigen Abstand), wobei der Gebärmutterhals hochgezogen wird, und endet mit der vollständigen Eröffnung des Muttermundes (etwa 10 cm). Bei Erstgebärenden dauert die Eröffnungsphase bis zu 10 Stunden und bei Mehrgebärenden bis zu 6 Stunden. In der Regel kommt es zum Ende der Eröffnungsphase zum Sprung der Fruchtblase. Begleiten Sie die leichten Kontraktionen in der Eröffnungsphase, die zwischen 30 und 60 Sekunden dauern und sich nach Pausen von anfänglich etwa 20 Minuten bis schließlich nur noch 5 Minuten wiederholen, mit einer entspannten, tiefen und langsamen Brustatmung (siehe S. 31 bis 32). Lernen Sie daher rechtzeitig eine Atemtechnik, die auf die maximale Zeitspanne einer Eröffnungswehe von 60 Sekunden ausgerichtet ist.

Einfache aber höchst wirksame Atemtechniken helfen, die schmerzhaften Phasen der Geburt leichter zu ertragen

Atmung in der Übergangsphase

Die Übergangsphase ist die schwierigste Phase der Geburt überhaupt. Denn in dieser Zeitspanne, die bis zu 90 Minuten dauern kann, sind die Kontraktionen der Gebärmutter außerordentlich intensiv – jede 2. bis 3. Minute und bis zu 60 Sekunden lang –, wobei der Kopf des Kindes tief in das Becken eintritt und somit Druck auf den Beckenboden ausübt. Hierdurch verspürt die Gebärende einen starken Drang zum Schieben, dem sie aber noch nicht nachgeben darf, da sonst die Gefahr eines Dammrisses besteht. Vagina und Damm müssen sich erst langsam dehnen. Beim Übergangsatmen sollten Sie zunächst die erlernte Technik der Bauchatmung (siehe S. 30 bis 31) anwenden und in den Bauch zum Kind hin atmen.
Sobald Sie aber spüren, daß Sie mit dieser Atemtechnik die immer intensiver werdenden und in kürzeren Abständen auftretenden Wehen nicht mehr beherrschen, gehen Sie über zur Hechelatmung (siehe S. 32). Sollte der Wehenschmerz zum Ende der Übergangsphase hin derart stark zunehmen, daß Sie das Gefühl haben, ihn auch mit einer der Atemtechniken nicht mehr aushalten zu können, so verschaffen Sie sich ruhig durch ein wohltuendes Stöhnen oder Wimmern Erleichterung. Versuchen Sie nicht, sich zusammenzunehmen oder sich gut zu benehmen – tun Sie das, wonach Ihnen zumute ist und wovon Sie wissen, daß es Ihnen guttut!

Atmung in der Austreibungsphase

Die Austreibungsphase, die in der Regel eine halbe Stunde dauert, beginnt mit der vollständigen Eröffnung des Muttermundes. Der Kopf des Kindes ist tief in den Geburtskanal gerutscht. Die Uteruskontraktionen nehmen in ihrer Intensität zu und steigern sich bis zum Höhepunkt, den Preßwehen. Die Wehen wiederholen sich in Abständen von 2 bis 3 Minuten und dauern 45 bis 90 Sekunden an. Arzt oder Hebamme werden nun den weiteren Wehenverlauf sehr genau beobachten und Ihnen präzise Angaben zur aktiven Geburtsarbeit geben.
Es kommt jetzt vor allem darauf an, daß Sie auf Anweisung die Atemtechniken, die Sie ja bereits intensiv geübt haben, auch sicher anwenden.
In den letzten Jahren ist es üblich geworden, auf das gewaltige Pressen mit angehaltenem Atem zu verzichten. Atmen Sie vielmehr Ihr Kind hinaus. Durch gezieltes und intensives Ein- und Ausatmen spannt sich die Bauchmuskulatur automatisch an und übt Druck nach innen aus, auch auf diese Weise wird die Bauchpresse wirksam. Wenn Sie Ihr Kind »herausatmen«, es sanft herausdrücken, ist die letzte Phase der Geburt für Sie beide weniger strapaziös.
Um den Kopf des Kindes und das Dammgewebe zu schützen, sollten Sie für den Moment, in dem sich der Kopf des Kindes durch den Scheideneingang drückt, die Flankenatmung beherrschen, mit der Sie ein zu kraftvolles Pressen »weghecheln« können (siehe S. 32).

Bauchatmung

ÜBUNG 1: Rückenlage.
Ein flaches Kissen unter den Kopf legen.
Beide Füße auf eine Unterlage aufstellen, wobei die Fußspitzen leicht nach außen zeigen.
Beide Hände auf den Bauch ablegen, die Fingerspitzen zeigen zueinander.
Augen schließen und Ruhe einkehren lassen!
Durch die Nase langsam und tief gegen die Hände in den Bauch hineinatmen und mit dem Atemzug den Bauch wölben.
Bei leicht geöffnetem Mund langsam ausatmen.
Übung insgesamt 5mal ausführen.
➠ Praktizieren Sie diese Bauchatemübung schon von den ersten Wehen an, auch bei stärker auftretenden und länger anhaltenden Wehen verschafft sie Erleichterung.

ÜBUNG 2: Rückenlage.
Ein flaches Kissen unter den Kopf legen.
Beide Beine leicht gegrätscht ausstrecken.
Beide Hände auf den Bauch ablegen. Die Fingerspitzen zeigen zueinander.
Augen schließen und Ruhe einkehren lassen!
Durch die Nase langsam und tief gegen die Hände in den Bauch hineinatmen und mit dem Atemzug den Bauch wölben.
Bei leicht geöffnetem Mund langsam ausatmen.
Übung insgesamt 5mal ausführen.
➠ Wie Übung 1 ist auch diese Bauchatemübung zum »Wegatmen« der Wehen geeignet.

Übung 1

Übung 2

Übung 3

ÜBUNG 3: Seitlage.
Ein flaches Kissen unter den Kopf schieben und den Kopf auf den Handteller des untergelegten Arms legen.
Die Handfläche des obenliegenden Arms auf den Bauch legen.
Augen schließen und Ruhe einkehren lassen!
Durch die Nase langsam und tief gegen die Hand in den Bauch hineinatmen und mit dem Atemzug den Bauch wölben.
Bei leicht geöffnetem Mund langsam ausatmen.
Übung insgesamt 5mal ausführen.
➠ Diese Übung kann mit den beiden vorherigen Übungen kombiniert werden.

Brustatmung

ÜBUNG 1: Rückenlage.
Ein flaches Kissen unter den Kopf legen.
Beide Füße auf die Unterlage stellen, wobei die Fußspitzen leicht nach außen zeigen.
Beide Hände an den unteren Rippenrand legen, die Fingerspitzen zeigen zueinander.
Augen schließen und Ruhe einkehren lassen!
Durch die Nase langsam und tief gegen die Hände in den Brustkorb hineinatmen. Der Brustkorb hebt und dehnt sich nach beiden Seiten aus. Die zueinander gerichteten Fingerspitzen gehen dabei leicht auseinander.
Bei leicht geöffnetem Mund langsam ausatmen und dabei mit den auf dem Brustkorb aufliegenden Händen einen sanften Druck ausüben. Der Brustkorb nimmt in sei-

nem Umfang wieder ab und senkt sich in seine Ausgangsposition zurück. Die Fingerspitzen bewegen sich wieder aufeinander zu.
Übung 5mal ausführen.
➠ Diese Brustkorbatemübung (Flankenatmung) ist sowohl als Entspannung »für zwischendurch« im Alltag als auch bei Beginn der ersten Wehen geeignet.

ÜBUNG 2: Rückenlage.
Ein flaches Kissen unter den Kopf legen.
Beide Füße auf die Unterlage stellen, wobei die Fußspitzen leicht nach außen zeigen.
Die Arme entspannt am Körper entlang ablegen.
Augen schließen und Ruhe einkehren lassen!
Beide Schulterblätter auf die Unterlage drücken und dabei langsam und tief durch die Nase einatmen (Brustkorb hebt sich).
Bei leicht geöffnetem Mund langsam ausatmen (Brustkorb senkt sich).
Übung insgesamt 5mal ausführen.
➠ Diese Brustkorbatemübung fördert während der Schwangerschaft das Wohlbefinden und eignet sich hervorragend zum »Wegatmen« der Anfangswehen.

Brustatmung
Übung 1 (oben), Übung 2 (unten)

Flankenatmung

ÜBUNG 1: Rückenlage.
Ein flaches Kissen unter den Kopf legen.
Beide Füße auf die Unterlage stellen, wobei die Fußspitzen leicht nach außen zeigen.
Beide Arme entspannt am Körper entlang ablegen.
Durch die Nase in den Brustkorb hinein tief einatmen.
Bei geöffnetem Mund hechelnd ausatmen (ohne Abbildung).
➠ Diese Hechelübung wenden Sie während der Austreibungsphase an, wenn andere Atemformen keine Wirkungen mehr zeigen und ein Pressen noch nicht erlaubt ist.

Vorsorgeuntersuchungen

Der Mutterpaß

Sobald die Schwangerschaft festgestellt ist, wird Ihr Arzt einen Mutterpaß ausstellen, in dem sämtliche Vorsorgeuntersuchungen mit den entsprechenden Daten vermerkt werden. Führen Sie dieses Ausweispapier von nun an ständig mit sich, damit in Notfällen stets schnell und gezielt ärztliche Hilfe geleistet werden kann. Im Mittelpunkt der Schwangerenbetreuung stehen die Vorsorgeuntersuchungen mit der Aufgabe, die Gesundheit der werdenden Mutter zu überwachen und dadurch eine gesunde Entwicklung des Kindes zu gewährleisten. Da sich schon bereits in den ersten 3 Schwangerschaftsmonaten Ansätze für die Organe des Kindes bilden, ist eine medizinische Beobachtung während dieser Zeit ganz besonders wichtig. Denn je früher schädliche Einflüsse oder gar Gefahren erkannt werden, desto besser sind die Chancen, Risiken auszuschalten. Aus diesem Grunde ist die erste reguläre Vorsorgeuntersuchung für die 8. Schwangerschaftswoche vorgesehen. Danach finden die Vorsorgeuntersuchungen alle 4 Wochen und von der 32. Schwangerschaftswoche an sogar alle 2 Wochen statt.

Bei der ersten Vorsorgeuntersuchung wird sich der Arzt sehr eingehend mit Ihnen beschäftigen, indem er zunächst einmal Ihre Anamnese (medizinische Vorgeschichte) erhebt und eine Reihe von serologischen (Blut-) sowie körperlichen Untersuchungen vornehmen wird. Für die *Anamnese* ist der Arzt auf die sorgfältige Beantwortung seiner Fragen angewiesen. Dabei können schon vor dem Arztbesuch gefertigte Notizen sehr hilfreich sein. So wird sich der Arzt mit Sicherheit danach erkundigen,

- wann die letzte Menstruation war und wie der Monatszyklus bisher verlaufen ist (regelmäßig oder mit Schwankungen),
- ob es schon Schwangerschaften und Geburten gab und wenn ja, wie diese verlaufen sind (z. B. Schwangerschaftsabbrüche, Früh-, Fehl- oder Totgeburten),
- ob Erbkrankheiten in der Familie vorhanden sind (z. B. Diabetes, Bluthochdruckerkrankungen, Mißbildungen, Suchtkrankheiten) und
- ob die werdende Mutter an chronischen Krankheiten und Allergien leidet.

Die **serologischen Untersuchungen** (Bluttests) dienen zunächst der Blutgruppenbestimmung und Ermittlung des Rhesusfaktors, um rechtzeitig Maßnahmen bei Unverträglichkeiten ergreifen zu können. Wird z. B. festgestellt, daß sich im Blut der Mutter kein *Rhesusfaktor* befindet, die Mutter also Rhesusnegativ ist, der Vater aber Rhesuspositiv, so kann dies zu einer sogenannten Rhesusunverträglichkeit führen, wenn das Kind das Rhesus-positive Blut seines Vaters geerbt hat. In der Regel wird dann das mütterliche Blut Antikörper bilden. Auf die erste Schwangerschaft

MUTTERPASS
BUNDESAUSSCHUSS DER ÄRZTE UND KRANKENKASSEN

Bitte versäumen Sie keine der mindestens 10 Vorsorgeuntersuchungen. Erst alle Untersuchungsergebnisse zusammen ergeben ein lückenloses und vollständiges Bild des Schwangerschaftsverlaufs. Ihre Krankenkasse bezahlt alle Vorsorgeuntersuchungen ohne Ausnahme

hat dies noch keinen Einfluß, sofern die Mutter nicht bereits einmal eine rhesus-positive Bluttransfusion bekommen hat. Erst bei einer folgenden Schwangerschaft können die Antikörper über die Plazenta in den Blutkreislauf des Kindes gelangen und dort die Rhesus-positiven Blutkörperchen zerstören.
Eine weitere wichtige Blutuntersuchung ist der *Röteln-HAH-Test* (HAH = Hämagglutinationshemmer), mit dem festgestellt wird, ob die Schwangere Antikörper gegen Röteln besitzt und somit immun gegen eine Rötelninfektion ist. Rötelnviren verursachen beim Ungeborenen schwerste Schädigungen und Anomalien.
Mit dem *LSR-Test* (LSR = Luessuchreaktion) wird das Blut der Schwangeren auf Lues-Erreger (Syphilis) untersucht, da diese die gefährliche Krankheit auf ihr noch ungeborenes Kind übertragen können.
Außerdem wird das Blut der Mutter noch auf die Anzahl der *roten Blutkörperchen* (Erythrozyten) und seinen *Hämoglobingehalt* (Hb) untersucht. Der in den roten Blutkörperchen enthaltene Blutfarbstoff (= Hämoglobin) bindet den im Blut gelösten Sauerstoff, transportiert ihn zu den Körperzellen und ist somit für die Sauerstoffversorgung des Kindes immens wichtig. Besteht das Risiko einer *AIDS-Erkrankung*, sollte auch der HIV-Test durchgeführt werden.

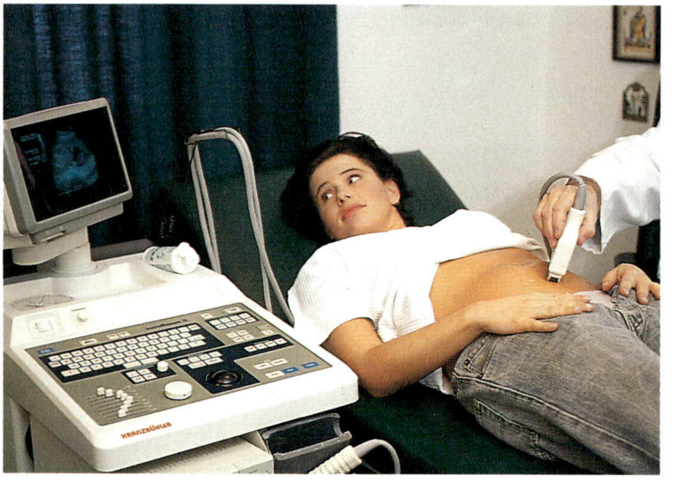

Ein erfahrener Arzt kann per Ultraschall schon ab der 20. Woche das Skelett des Kindes und etliche innere Organe erkennen

Die **körperliche Untersuchung,** die bei jedem weiteren Schwangerschaftsvorsorgetermin durchgeführt wird, erstreckt sich vor allem auf

- das Abtasten des Bauches, um das entwicklungsgemäße Wachsen der Gebärmutter (Fundusstand) zu prüfen und die Kindslage festzustellen,
- die Kontrolle der kindlichen Herztöne,
- die Blutdruckmessung,
- die Gewichtskontrolle,
- das Überprüfen von Wassereinlagerungen im Gewebe (Ödeme) sowie der Bildung oder Verstärkung von Krampfadern (Varikosis) und
- das genaue Abtasten des Muttermundes.

Darüber hinaus wird regelmäßig der Urinstatus bestimmt (Zucker, Eiweiß, Bakterien) sowie mindestens dreimal eine Ultraschalluntersuchung durchgeführt. Weitere Untersuchungen wird der Arzt je nach Einzelfall vornehmen bzw. veranlassen.

Schwangerschaftsbeschwerden

Allgemeine Abgeschlagenheit

Viele Frauen leiden zu Beginn ihrer Schwangerschaft verstärkt unter Müdigkeit, Erschöpfungszuständen, Lustlosigkeit und innerer Unruhe. Diese Erscheinungen, die zwar äußerst unangenehm sein können, sollten Sie jedoch nicht überbewerten, sondern als vorübergehende schwangerschaftstypische Unpäßlichkeiten akzeptieren. Aktivitäten wie z. B. Atemübungen am offenen Fenster, ein kurzer Spaziergang in frischer Luft oder gar Weiterbetreiben gewohnter Sportarten – aber leichte nur nach Absprache mit Ihrem Arzt – können da oft von entscheidender Hilfe sein. Denn Schwangerschaft ist keine Krankheit, sondern ein ganz natürlicher, wenn auch anderer, »Umstand«.

Übelkeit und Erbrechen

Fast jede Mutter – wenige Ausnahmen bestätigen die Regel – hat es am Anfang ihrer Schwangerschaft mehr oder minder stark erlebt: morgendliche Übelkeit und Erbrechen. Für diese unangenehmen Erscheinungen, die meist harmlos sind und nach dem 3. Schwangerschaftsmonat wieder vergehen, gibt es – so sagt man jedenfalls – zwei Erklärungen: Der erste Grund ist auch hier wieder die hormonelle Umstellung. Der zweite Grund scheint wohl mit der Psyche zusammenzuhängen. Denn jede

Unpäßlichkeiten während der Schwangerschaft sind meist harmlos und gehen schnell wieder vorüber

Frau muß sich in den ersten Schwangerschaftswochen – teils bewußt, teils unbewußt – zunächst einmal mit ihrem neuen und ungewohnten »Lebensumstand« auseinandersetzen, was ihr anfänglich eben »auf den Magen schlagen« kann. Doch was können Sie hiergegen tun? Ein leichtes Frühstück im Bett – und wenn es nur aus einem Stück Zwieback mit einer Tasse Tee besteht – regt den Magen an und hilft die Übelkeit zu beseitigen. Auf keinen Fall sollten Sie sich zu einem schnellen Aufspringen aus dem Bett, etwa durch Schellen an der Haustür oder Ertönen des Telefons, verleiten lassen. Auch mehrere kleine Mahlzeiten, über den Tag verteilt, helfen, Ihre Übelkeit zu vertreiben und verhindern das ebenfalls oft auftretende Sodbrennen.

Verstopfung

Durch die hormonelle Umstellung wird die Spannung der glatten (unwillkürlichen) Muskulatur herabgesetzt. Dies hat unter anderem Auswirkungen auf die Darmbewegungen: Der Darminhalt wird verlangsamt transportiert, so daß die Gefahr des Austrocknens und schließlich der Verstopfung besteht. Bitte nehmen Sie auf keinen Fall Abführmittel. Die darmanregenden Medikamente können zu Kontraktionen der Gebärmutter führen und Ihr Baby schädigen. Viel besser ist dagegen ballaststoffreiche Kost wie etwa Vollkornprodukte, Müsli, Quark, Joghurt, Obst und Gemüse sowie morgens ein Glas kaltes Wasser auf nüchternen Magen. Hilfreich ist natürlich auch viel Bewegung in frischer Luft.

Gesunde Ernährung und viel Bewegung an frischer Luft lassen die meisten der typischen Schwangerschaftsbeschwerden erst gar nicht auftreten

Kopf- und Rückenschmerzen

Kopf- und Rückenschmerzen zählen zu den häufigsten Schmerzzuständen in der Schwangerschaft. Wenngleich Schmerzen grundsätzlich immer ein Signal dafür sind, daß in Ihrem Körper irgendetwas nicht stimmt, geben schwangerschaftsbedingte Kopf- und Rückenschmerzen in der Regel keinen Anlaß zur Besorgnis. Während Kopfschmerzen verschiedene Ursachen haben können (Unwohlsein, Wetterfühligkeit, Sauerstoffmangel, Verspannungen im Bereich der Halswirbelsäule usw.), sind Rückenbeschwerden fast stets auf Haltungsschwächen, die vorwiegend mit der veränderten Statik durch den wachsenden Bauch zusammenhängen, zurückzuführen. Eine korrekte Körperhaltung (siehe S. 17 bis 26) sowie regelmäßige Schwangerschaftsgymnastik, die ja ein intensives Rückentraining mit einschließt, verschafft Ihnen Linderung.
Tip: Besonders angenehm und entlastend wirkt das Schwimmen, genauer gesagt das Rückenschwimmen. Die Tragfähigkeit des Wassers nimmt Ihrem Körper einen Teil seiner Schwere, und die sportliche Bewegung stärkt nebenbei außerdem noch Kreislauf sowie Muskulatur.

Harndrang

Wenn Sie zu Beginn und am Ende Ihrer Schwangerschaft verstärkten Harndrang verspüren, so ist das ganz normal. Zum einen werden die Nieren stärker durchblutet als bisher, und zum anderen bedrängt die Gebärmutter durch ihr stetes Wachsen immer mehr Ihre Blase. Dadurch schwindet die Aufnahmekapazität Ihrer Blase, und der erhöhte Druck der Gebärmutter auf sie läßt Sie häufiger als gewohnt zur Toilette gehen. Im Grunde können und müssen Sie auch nicht viel dagegen unternehmen. Auf keinen Fall dürfen Sie aber den Harndrang unterdrücken! Das könnte schlimme Folgen haben (Infektionsgefahr).

Krampfadern und Hämorrhoiden

Da in der Schwangerschaft die Gebärmutter durch ihr Wachstum einen immer größer werdenden Druck auf die Blutgefäße des Bauchraums ausübt, wird auch der Rückfluß des Blutes aus den Beinvenen beeinträchtigt. Schließlich kann es sogar zu einem Blutstau in den dünnwandigen Venen kommen, was dann – vor allem bei längerem Stehen und mangelnder Bewegung – zu Krampfadern führen kann. Sorgen Sie für ausreichende Bewegung – denn Muskeltätigkeit fördert den Rückfluß des Blutes zum Herzen. Haben Sie schon vor Ihrer Schwangerschaft an Bindegewebsschwäche gelitten, sollten Sie in Ruhepausen bzw. beim Liegen Ihre Beine unbedingt hochlegen, um den Blutrückfluß zu fördern. Bei einer Veranlagung zu Krampfadern sollten Sie sich vom Arzt spezielle Stützstrümpfe verschreiben lassen. Außergewöhnlich hilfreich sind zudem trockene Bürstenmassagen (siehe S. 67) und kalte Kniegüsse, auch einmal für zwischendurch, wenn die Beine besonders schmerzen. Die Kniegüsse führen Sie mehrmals in der beschriebenen Reihenfolge durch: kleiner Fußzeh – entlang der äußeren Fußkante – über den äußeren Gelenkknöchel – entlang der Außenseite des Unterschenkels bis hin zur Kniekehle – dort kreisen – an der Innenseite des Unterschenkels abwärts – über den inneren Gelenkknöchel – entlang der inneren Fußkante zurück bis zum großen Fußzeh.

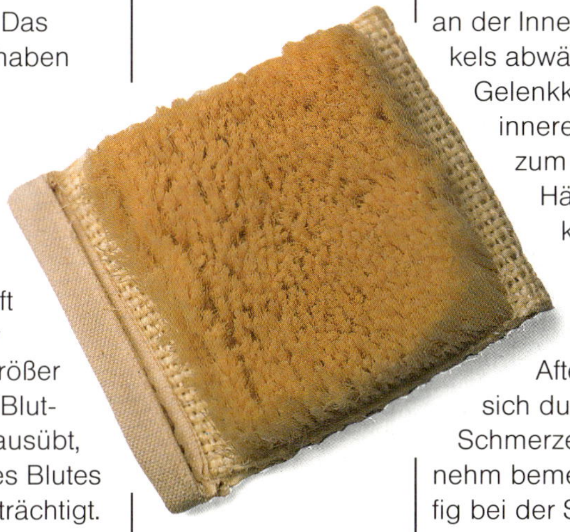

Verwöhnen Sie sich: Massagen, ein warmes Bad oder aber auch kalte Kniegüsse können eine wahre Wohltat sein

Hämorrhoiden sind krampfaderähnliche und knotenförmige Gefäßerweiterungen an der Darmwand im Afterbereich. Sie machen sich durch Juckreiz und Schmerzen äußerst unangenehm bemerkbar und platzen häufig bei der Stuhlentleerung auf, weshalb es dann zu Blutungen kommt. Ballaststoffreiche Kost und viel Bewegung garantieren Ihnen eine regelmäßige, weiche Verdauung und daher weniger Beschwerden. In besonders schlimmen Fällen helfen Ihnen ganz bestimmt Kamille-Sitzbäder.

Fuß- und Wadenkrämpfe

Fuß- und Wadenkrämpfe gehören ebenfalls zu den unliebsamen Schwangerschaftserscheinungen, die häufig im Schlaf bei unbedachtem Strecken auftreten und äußerst schmerzhaft werden können. Sie sind auf den schwangerschaftstypischen Mangel an Magnesium, Kalzium oder Vitamin B zurückzuführen, der aber durch Einnahme ärztlich verordneter Präparate ohne größere Probleme ausgeglichen werden kann.
Im akuten Fall treten Sie mit dem krampfenden Bein – trotz der Schmerzen – fest auf den Boden auf und dehnen die Muskulatur, bis der Krampf nachläßt.

Körpertraining

Die Geburt verlangt vom weiblichen Körper wahre Schwerstarbeit. Ist der nicht darauf vorbereitet, kann es zu Kreislauf- und Konditionsproblemen kommen. Körperliche Aktivität aber trainiert den Kreislauf, kräftigt den Organismus und trägt zum körperlichen Wohlbefinden bei. Bringen Sie sich mit einer regelmäßig durchgeführten Gymnastik in Schwung und in Bestform.

Schwangerschaftsgymnastik – Ab wann und warum?

Mit einer gezielten Schwangerschaftsgymnastik sollten Sie etwa ab dem 5., spätestens jedoch ab dem 7. Schwangerschaftsmonat beginnen. Hierzu bieten soziale und kirchliche Einrichtungen wie Volkshochschulen, Elternschulen, Krankenhäuser, Familienbildungsstätten, aber auch Krankengymnastikpraxen und freiberuflich tätige Hebammen entsprechende Kurse an, deren Kosten (12 Stunden) bei Vorlage einer ärztlichen Verordnung in der Regel von den Krankenkassen – wie beispielsweise der AOK – übernommen werden. Aufgrund der starken Nachfrage sollten Sie sich um eine rechtzeitige Anmeldung kümmern (im ersten Drittel der Schwangerschaft). Auch die Teilnahme des werdenden Vaters an solchen Vorbereitungskursen ist möglich, ja sogar erwünscht. Allerdings müssen diese Kosten dann selbst getragen werden.

Je besser eine Frau seelisch und körperlich vorbereitet ist, desto eher ist es möglich, die Geburt beinahe schmerzfrei zu erleben. Das Wissen über den Verlauf der Schwangerschaft und die Geburt ist das Wichtigste, um ruhig und ohne Angst diesem Ereignis entgegenblicken zu können. Ein weiterer wichtiger Vorteil eines Vorbereitungskurses ist, daß Sie die Gelegenheit bekommen, eine Vielzahl von bewährten Gymnastikprogrammen und Methoden am eigenen Körper kennenzulernen. So können und sollen Sie auch ganz individuell entscheiden, welche Übung, Technik und/oder Methode für Sie persönlich in Frage kommt. Doch die bloße wöchentliche Teilnahme an einem Geburtsvorbereitungskurs reicht bei weitem nicht aus. Ob berufstätig oder Hausfrau, Sie sollten sich während Ihrer Schwangerschaft die Zeit nehmen, täglich mindestens einmal 15 Minuten lang die erlernten Übungen in aller Ruhe durchzuführen. Sorgen Sie für eine entspannte Atmosphäre, tragen Sie zur Gymnastik saloppe Freizeitkleidung (keinen einengenden Hosengummi, keine einschneidenden Sockenbünde), breiten Sie Wolldecken oder eine gepolsterte Matte aus, und holen Sie verschiedene Kissen, damit Sie bequem auf dem Boden sitzen oder liegen können. Sofern keine ärztliche Einwände bestehen, sollten Sie die Schwangerschaftsgymnastik bis zur Entbindung regelmäßig und intensiv betreiben.

Sport und Bewegung tun Mutter und Baby gleichermaßen gut: Neben Radfahren, Joggen, Schwimmen und Wandern für die ganz persönliche Fitneß bringt die tägliche Gymnastik Sie so richtig in Schwung und sorgt außerdem für angenehme Entspannung

Atemübungen für zwischendurch

IM STEHEN: Grätschstand.
Beide Hände links und rechts des Bauchnabels auflegen.
Die Fingerspitzen zeigen zueinander.
Augen schließen und Ruhe einkehren lassen!
Durch die Nase langsam und tief gegen die Hände in den Bauch hineinatmen und mit dem Atemzug den Bauch wölben.
Bei leicht geöffnetem Mund langsam ausatmen.
Übung insgesamt 5mal ausführen.

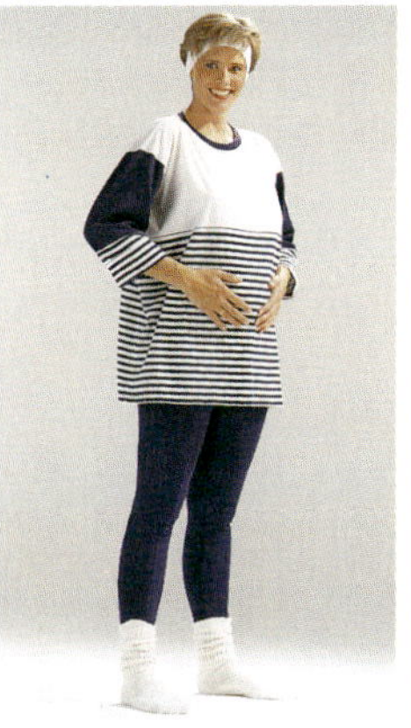

Atemübung im Stehen

Atemübung im Sitzen

IM SCHNEIDERSITZ: Auf fester Unterlage aufrechte Sitzhaltung einnehmen, wobei die Beine übereinander verschränkt werden (Schneidersitz).
Beide Hände links und rechts des Bauchnabels auflegen. Die Fingerspitzen zeigen zueinander.
Augen schließen und Ruhe einkehren lassen!
Durch die Nase langsam und tief gegen die Hände in den Bauch hineinatmen und mit dem Atemzug den Bauch wölben.
Bei leicht geöffnetem Mund langsam ausatmen.
Übung insgesamt 5mal ausführen.

IM SITZEN: Normale, aufrechte Sitzhaltung auf Stuhl oder Hocker einnehmen. Die Beine dabei leicht grätschen.
Beide Hände links und rechts des Bauchnabels auflegen. Die Fingerspitzen zeigen zueinander.
Augen schließen und Ruhe einkehren lassen!
Durch die Nase langsam und tief gegen die Hände in den Bauch hineinatmen und mit dem Atemzug den Bauch wölben. Bei leicht geöffnetem Mund langsam ausatmen.
Übung insgesamt 5mal ausführen.

Atemübung im Schneidersitz

Die Feldenkrais-Uhr

Die Feldenkrais-Methode, benannt nach ihrem Erfinder, einem jüdischen Naturwissenschaftler, ist ein Verfahren, das uns »in spielerischer Art« Körperbewegung bewußt macht und dazu beiträgt, eigene Fähigkeiten zu erkennen, auszubilden und/oder gezielt zu gebrauchen. Sie richtet sich an alle Menschen, ob alt oder jung, krank oder gesund, und findet in der Schwangerschaftsgymnastik eine besonders wertvolle Anwendungsmöglichkeit.

IM LIEGEN: Rückenlage. Ein flaches Kissen unter den Kopf legen.
Beide Füße auf eine Unterlage stellen, wobei die Fußspitzen leicht nach außen zeigen.
Beide Arme entspannt am Körper entlang ablegen.
Augen schließen und Ruhe einkehren lassen!
Nun sich unter dem Kreuzbein ein Zifferblatt vorstellen, auf dem die Zahlen 12 in Richtung Becken, 6 in Richtung Steißbein, 3 zur linken und 9 zur rechten Gesäßhälfte zeigen.
Auf der Unterlage das Kreuzbein zwischen den Zahlen 6 und 12 langsam, immer den Kontakt zur Unterlage spürend, hin und her bewegen. Das Becken wird hierbei, kaum sichtbar, aufgerichtet und gekippt. Während dieser Übung ruhig und entspannt atmen.
Übung etwa 20mal ausführen.
Nun das Kreuzbein zwischen den Zahlen 3 und 9 langsam, immer den Kontakt zur Unterlage haltend, seitlich hin und her bewegen.

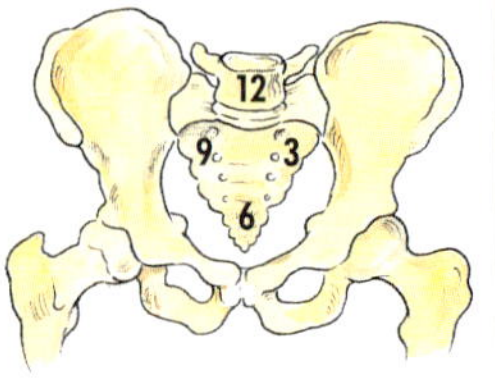

Die Feldenkrais-Uhr

Feldenkrais-Übung im Stehen

Übung etwa 20mal ausführen.
Auf der Unterlage mit dem Kreuzbein von der Zahl 12 über die Zahlen 3, 6 und 9 immer den Kontakt zur Unterlage haltend, einen Kreis beschreiben.
Übung 20mal ausführen.
Nun die gleiche Übung, jedoch in entgegengesetzter Richtung, erneut 20mal ausführen.

IM STEHEN: Grätschstand an einer Wand einnehmen.
Beide Knie leicht beugen.
Die Lenden- und Brustwirbelsäule, den Hinterkopf und die Schulterblätter an die Wand drücken.
Augen schließen und Ruhe einkehren lassen!
Nun das Kreuzbein zwischen den Zahlen 12 und 6 langsam, immer mit Kontakt zur Wand, hin und her bewegen. Das Becken wird hierbei, kaum sichtbar, gekippt und aufgerichtet. Während dieser Übung ruhig und entspannt atmen, wobei die Arme locker herabhängen.
Übung etwa 20mal ausführen.
Nun das Kreuzbein zwischen den Zahlen 3 und 9 langsam, immer den Kontakt zur Wand haltend, seitlich hin und her bewegen.
Übung ebenfalls etwa 20mal wiederholen.
Nun mit dem Kreuzbein von der Zahl 12 über die Zahlen 3, 6 und 9, immer den Kontakt zur Wand haltend, ruhig und langsam einen Kreis beschreiben.
Übung 20mal ausführen.
Nun die gleiche Übung, jedoch in entgegengesetzter Richtung.

Entstauungsübungen

ÜBUNG 1: Rückenlage.
Ein flaches Kissen unter den Kopf legen.
Beide Füße auf eine Unterlage stellen, wobei die Fußspitzen leicht nach außen zeigen.
Beide Arme entspannt am Körper entlang ablegen. Das linke Knie zum Bauch heranziehen und mit dem linken Bein Radfahrbewegungen ausführen, insgesamt 8mal.
Das Bein kurz ablegen und wieder zum Bauch heranziehen und dann die gleichen Radfahrbewegungen in entgegengesetzter Richtung ausführen, insgesamt 8mal.
Das linke Bein absetzen.
Das rechte Knie zum Bauch heranziehen und mit dem rechten Bein Radfahrbewegungen ausführen, insgesamt 8mal.
Das Bein kurz ablegen und wieder zum Bauch heranziehen und dann die gleichen Radfahrbewegungen in entgegengesetzter Richtung ausführen, insgesamt 8mal.

ÜBUNG 2: Rückenlage.
Ein flaches Kissen unter den Kopf legen.
Das linke Bein ausstrecken und das rechte Bein aufstellen.
Das linke Bein in gestreckter Haltung unter gleichzeitigem Auf- und Abbewegen des Fußes langsam bis in Kniehöhe des aufgestellten Beins anheben und wieder langsam senken, jedoch nicht ablegen.
Übung insgesamt 5mal ausführen.
Nun die gleiche Übung mit dem rechten Bein ebenfalls 5mal ausführen.

Übung 1

Übung 2

Gymnastik in Rückenlage

Ausgangsstellung

Übung 1

Übung 2

Bauchmuskelübungen

AUSGANGSSTELLUNG: Rückenlage. Ein flaches Kissen unter den Kopf legen.
Beide Füße auf die Unterlage stellen, wobei die Fußspitzen leicht nach außen zeigen.
➠ Nachfolgende Übungen je 5mal ausführen!
Übung 3 bis 7 bereitet speziell das Schieben beim Geburtsvorgang vor.

ÜBUNG 1: Ausgangsstellung. Beide Arme entspannt am Körper entlang ablegen.
Nun die linke Schulter von der Unterlage abheben und in Richtung rechtes Knie führen, ohne dabei den Rücken von der Unterlage zu lösen.
Die gleiche Übung mit der rechten Schulter in Richtung linkes Knie ausführen.

ÜBUNG 2: Ausgangsstellung. Beide Arme entspannt am Körper entlang ablegen.
Die rechte Hand mit gestrecktem Arm am linken Knie vorbeiführen, ohne den Rücken anzuheben.
Die gleiche Übung nun zur anderen Seite.

ÜBUNG 3: Ausgangsstellung. Beide Arme entspannt am Körper entlang ablegen.
Durch die Nase langsam und tief einatmen; dabei den Bauch wölben, leicht ins Hohlkreuz gehen.
Mit dem Laut »f« ausatmen und

gleichzeitig das Schambein in Richtung Nabel ziehen sowie beide Arme auf die Unterlage drücken (ohne Abbildung).

ÜBUNG 4: Die gleiche Übung wie zuvor 5mal ausführen, jedoch mit dem Laut »puhh« ausatmen.

ÜBUNG 5: Ausgangsstellung. Beide Arme in »U-Halte« bringen (Armhaltung weist U-Form auf). Durch die Nase langsam und tief einatmen; dabei den Bauch wölben und so leicht ins Hohlkreuz gehen.
Mit dem Laut »puhh« ausatmen und *gleichzeitig* das Schambein in Richtung Nabel ziehen; Arme und Hände auf die Unterlage drücken.

ÜBUNG 6: Ausgangsstellung. Beide Arme mit geballter Faust zur Decke hin ausstrecken.
Durch die Nase langsam und tief einatmen; dabei den Bauch wölben und so leicht ins Hohlkreuz gehen.
Mit dem Laut »f« ausatmen und *gleichzeitig* das Schambein in Richtung Nabel ziehen; dabei die Fäuste zur Decke hochdrücken.

ÜBUNG 7: Ausgangsstellung. Mit beiden Händen einen Holzstab in Schulterbreite umgreifen.
Die Arme mit dem Holzstab zur Decke strecken, durch die Nase langsam und tief einatmen; dabei den Bauch wölben und so ins Hohlkreuz gehen.
Mit dem Laut »puhh« ausatmen und *gleichzeitig* das Schambein in Richtung Nabel ziehen.
Die Hände drücken dabei den Stab zur Decke hoch.

Übung 5

Übung 6

Übung 7

Grundspannung

Übung 1

Übung 2

Kombinierte Beckenboden- und Bauchmuskelübungen

GRUNDSPANNUNG: Rückenlage einnehmen.
Ein flaches Kissen unter den Kopf legen.
Beide Füße auf die Unterlage stellen, wobei die Fußspitzen leicht nach außen zeigen.
Die Arme entspannt am Körper entlang ablegen.
Nun das Gesäß anspannen und den Damm einziehen (die Scheide nach innen wie in einen Trichter hinein ziehen).
Beide Fußspitzen hochziehen (Fersenstand), dabei die Fersen fest auf den Untergrund und von sich wegdrücken (Körperspannung!).
➠ Nachfolgende Übungen je 5mal ausführen und die geforderte Körperspannung etwa 5 Sekunden halten!

ÜBUNG 1: Grundspannung.
Beide Arme und die Schulterblätter fest auf die Unterlage drücken; dabei beide Hände mit gespreizten und leicht gewölbten Fingern nach oben anwinkeln und einen imaginären Widerstand in Richtung Fersen schieben.

ÜBUNG 2: Grundspannung.
Beide Hände auf die Innenseite der Oberschenkel legen.
Mit beiden Händen die Oberschenkel nach außen drücken und gleichzeitig mit den Schenkeln einen Gegendruck nach innen ausüben.

ÜBUNG 3: Grundspannung.
Beide Hände auf die Außenseite der Oberschenkel legen.
Nun mit beiden Händen die Oberschenkel nach innen drücken und gleichzeitig mit den Schenkeln einen Gegendruck nach außen erzeugen.

Übung 3

ÜBUNG 4: Grundspannung.
Die Handflächen mit gestreckten Fingern vor der Brust gegeneinander pressen.

Übung 4

ÜBUNG 5: Grundspannung.
Die Fingerkuppen beider Hände ineinander verhaken und in dieser Stellung versuchen, die Hände auseinanderzuziehen.

Übung 5

ÜBUNG 6: Grundspannung.
Die Hände vor der Brust falten. Die Innenflächen der gefalteten Hände nach außen drehen und die Hände in dieser Position mit leicht gebeugten Ellenbogen am linken Knie vorbeiführen. Den Kopf dabei nur leicht anheben!
Die gleiche Übung »am rechten Knie vorbei« ausführen.

ÜBUNG 7: Grundspannung.
Die Handinnenflächen nach außen richten. Dabei sind die Finger leicht gewölbt, die Fingerkuppen zeigen zueinander, und die Ellenbogen sind leicht angewinkelt.
In dieser Position einen imaginären Widerstand am linken Knie vorbeischieben.
Den Kopf während der Übung nur leicht anheben!
Die gleiche Übung »am rechten Knie vorbei« ausführen.

Übung 6

Übung 7

Beckenbodenübungen

GRUNDSPANNUNG: Rückenlage einnehmen und ein flaches Kissen unter den Kopf legen.
Beide Füße auf die Unterlage stellen, wobei die Fußspitzen leicht nach außen zeigen.
Die Arme entspannt am Körper entlang ablegen.
Das Gesäß anspannen und den Damm einziehen (die Scheide nach innen hineinziehen).
Beide Fußspitzen hochziehen (Fersenstand), dabei die Fersen fest auf den Untergrund und von sich wegdrücken (Körperspannung!).
➠ Nachfolgende Übungen je 5mal ausführen.

Grundspannung

ÜBUNG 1: Grundspannung. Im gewohnten Rhythmus weiteratmen. Das Gesäß etwa 10 cm von der Unterlage abheben. Die Arme werden dabei zum Abstützen auf die Unterlage gedrückt.
In dieser Position etwa 5 Sekunden verweilen.
Danach das Gesäß wieder absenken und Spannung lösen.

ÜBUNG 2: Grundspannung. Im gewohnten Rhythmus weiteratmen. Das Gesäß etwa 10 cm von der Unterlage abheben. Die Arme werden dabei zum Abstützen auf die Unterlage gedrückt.
In dieser Position das Becken in waagrechter Haltung nach links führen, das Gesäß wieder absenken und die Spannung lösen.
Nun den Körper erneut anspannen, das Gesäß anheben und das Becken in der gleichen Weise wie zuvor zur Ausgangsposition zurückführen.
Die gleiche Übung nun zur rechten Seite ausführen.

ÜBUNG 3: Grundspannung. Im gewohnten Rhythmus weiteratmen. Unter dieser Körperspannung die Knie zueinanderführen. Die Spannung solange halten, bis die Knie sich berühren; diese dann zusammendrücken und Körperspannung lösen (ohne Abbildung).

ÜBUNG 4: Grundspannung. Im gewohnten Rhythmus weiteratmen. Den rechten Unterschenkel über das linke Schienbein legen.
In dieser Position etwa 5 Sekunden verweilen.
Die gleiche Übung nun zur anderen Seite ausführen.

Übung 1

Übung 2

Übung 4

Übung 5

Übung 6

Ausgangsstellung

ÜBUNG 5: Rückenlage.
Ein flaches Kissen unter den Kopf legen.
Arme entspannt am Körper entlang ablegen.
Beine ausstrecken und dabei leicht grätschen.
Gesäß anspannen und Damm einziehen und im gewohnten Rhythmus weiteratmen.
Unter dieser Körperspannung beide Beine gestreckt zueinanderdrehen.
In dieser Position kurz verweilen.
Nun die Beine in dieser Körperspannung nach außen drehen, kurz halten und die Beine wieder zur Mitte zurückdrehen.
Körperspannung lösen.

ÜBUNG 6: Ausgangsstellung wie Übung 5.
Unter dieser Körperspannung das rechte, gestreckte Bein versuchen, in die Hüfte hineinzuziehen.
In dieser Position etwa 5 Sekunden verweilen.
Das rechte Bein in seine Ausgangsposition zurückführen und die Spannung lösen.
Die gleiche Übung mit dem linken Bein ausführen.

Entspannungsübungen

AUSGANGSSTELLUNG: Rückenlage einnehmen.
Ein flaches Kissen unter den Kopf legen.
Beide Füße parallel gerichtet auf die Unterlage stellen.
Die Arme entspannt am Körper entlang ablegen.
➠ Nachfolgende Übungen je 5mal ausführen!

ÜBUNG 1: Ausgangsstellung. Beide Schenkel weit nach außen öffnen, wobei die Fußsohlen zueinander zeigen. In dieser Position etwa 5 Sekunden verweilen und dann die Knie wieder zueinander führen.
Dabei normal atmen.

Übung 1

ÜBUNG 2: Ausgangsstellung. Mit beiden Schenkeln gleichzeitig eine Drehbewegung nach links ausführen, Schulterblätter und Kopf bleiben liegen, und anschließend in der gleichen Weise eine Drehbewegung nach rechts ausführen (Pendelbewegung).

Übung 2

ÜBUNG 3: Ausgangsstellung. Das linke Bein zur Seite fallen lassen und über die Außenseite ausstrecken.
Das ausgestreckte Bein unter gleichzeitigem Beugen nach links drehen und in die Ausgangsposition zurückführen.
Die gleiche Übung nun mit dem anderen Bein 5mal nach rechts ausführen.

Übung 3

Gymnastik in Seitlage

AUSGANGSSTELLUNG: Seitlage. Ein flaches Kissen unter den Kopf legen.
Beide Beine beugen.
Den Arm (die Hand) der aufliegenden Körperseite unter den Kopf legen, und den Arm (die Hand) der nichtaufliegenden Körperseite vor die Brust legen.
➠ Nachfolgende Übungen je 5mal ausführen!

ÜBUNG 1: Ausgangsstellung. Tief durch die Nase einatmen und dabei leicht ins Hohlkreuz gehen. Auf »f« durch den Mund ausatmen und dabei das Schambein in Richtung Nabel ziehen.

ÜBUNG 2: Ausgangsstellung. Das Bein der nichtaufliegenden Körperseite im gebeugten Zustand bis Hüfthöhe anheben.
Nun die Fußspitze in Richtung Knie ziehen und das Bein im Wechsel langsam ausstrecken und wieder beugen.

ÜBUNG 3: Ausgangsstellung. Das Bein der nichtaufliegenden Körperseite ausstrecken und die Fußspitze in Richtung Knie ziehen. Das in dieser gestreckten Position befindliche Bein seitlich anheben und wieder absenken.
➠ Anschließend die Übungen 1 bis 3 in der anderen Seitlage durchführen!

Ausgangsstellung und Übung 1

Übung 2

Übung 3

Gymnastik in verschiedenen Positionen

Grundstellung

Übung 1

Übung 2

Übungen im Vierfüßerstand

GRUNDSTELLUNG: Den Körper auf den Knien und Handflächen abstützen, wobei die Beine und Arme leicht gespreizt sind und der Kopf gerade in Verlängerung der Wirbelsäule gehalten wird. Die Finger zeigen leicht gespreizt nach vorne, und die Füße liegen auf dem Fußrücken.
Die Wirbelsäule wird gerade gehalten (Vierfüßer!), also kein Hohlkreuz und keinen Rundrücken bilden.
➡ Nachfolgende Übungen je 5mal ausführen!

ÜBUNG 1: Grundstellung.
Durch die Nase tief einatmen und dabei leicht ins Hohlkreuz gehen. Auf »f« durch den Mund ausatmen und dabei das Schambein in Richtung Nabel ziehen (leichten Rundrücken bilden – „Katzenbuckel").

ÜBUNG 2: Grundstellung.
Durch die Nase tief einatmen und den Körper mit gestreckten Armen in Richtung Fersen schieben.
Die Arme beugen, den Oberkörper leicht absenken, auf »f« durch den Mund ausatmen und dabei Brust und Kopf dicht über dem Boden entlang bis zu den Händen nach vorne schieben.

ÜBUNG 3: Grundstellung.
Bei gewohntem Atemrhythmus das Becken nach rechts bewegen, dabei den Kopf ebenfalls nach rechts drehen und den Blick zum Becken hin richten.
Ausgangsstellung wieder einnehmen (Kopf und Becken befinden sich in jeweiliger Verlängerung der Wirbelsäule).
Bei gewohntem Atemrhythmus das Becken nun nach links drehen und auch hier wieder den Blick zum Becken hin richten.

Übung 3

ÜBUNG 4: Grundstellung.
Durch die Nase tief einatmen, dabei den Kopf zur Brust hinführen (Kinn auf Brustbein) und gleichzeitig das rechte Bein zum Bauch heranziehen (Rundrücken – siehe Abbildung Übung 4a).
Auf »f« durch den Mund ausatmen, den Kopf aufrichten und leicht nach oben schauen; dabei etwas ins Hohlkreuz gehen und das angezogene rechte Bein nun ausstrecken (siehe Abbildung Übung 4b). Das Bein nicht abstellen und die Übung wiederholen.
Die gleiche Übung mit dem linken Bein ausführen.

Übung 4 a

Übung 4 b

Übungen auf dem Therapieball im Sitzen

AUSGANGSSTELLUNG:
Aufrechte Sitzhaltung auf dem Therapieball einnehmen. Beine und Füße leicht grätschen.
Die Arme locker am Körper entlang hängen lassen.
Augen schließen und Ruhe einkehren lassen!

Ausgangsstellung

ÜBUNG 1: Ausgangsstellung.
Tief einatmen und dabei leicht ins Hohlkreuz gehen (Becken kippen). Auf »f« ausatmen und dabei das Schambein in Richtung Nabel ziehen (Becken aufrichten).

Therapiebälle werden in der Krankengymnastik zur Kräftigung der Muskulatur bei Haltungsschwächen verwendet

Übung 1

ÜBUNG 2: Ausgangsstellung.
Tief einatmen und dabei leicht ins Hohlkreuz gehen (Becken kippen). Beide Fußspitzen hochziehen (Fersenstand), die Fersen fest auf den Boden und von sich wegdrücken (Körperspannung!) und gleichzeitig auf »f« ausatmen sowie das Schambein zum Nabel ziehen (Becken aufrichten).

Übung 2

Übung 3

ÜBUNG 3: Ausgangsstellung. Beide Hände auf die Oberschenkel legen, tief einatmen und dabei leicht ins Hohlkreuz gehen (Becken kippen).
Beide Fußspitzen hochziehen (Fersenstand), dabei die Fersen fest auf den Boden und von sich wegdrücken (Körperspannung!).
Nun beide Hände hochziehen, die Finger spreizen und etwas wölben, die Schulterblätter zur Wirbelsäule hinziehen, den Kopf aufrichten und auf »f« ausatmen und dabei das Schambein zum Nabel ziehen (Becken aufrichten).
Zur Lockerung zwischendurch: kreisende Bewegungen auf dem Therapieball durchführen. 8mal nach rechts und dann 8mal nach links.

Lockerungsübung

Gymnastik mit dem Partner

Bauchmuskelübungen

AUSGANGSSTELLUNG: Rückenlage einnehmen.
Ein flaches Kissen unter den Kopf legen.
Beide Füße auf die Unterlage stellen, wobei die Fußspitzen leicht nach außen zeigen.
Mit beiden Händen schulterbreit einen Stab umfassen und beide Arme senkrecht zur Decke strecken.
Der Partner steht am Kopfende.
➠ Nachfolgende Übungen je 5mal ausführen!

ÜBUNG 1: Ausgangsstellung.
Tief durch die Nase einatmen und dabei den Bauch wölben (leichtes Hohlkreuz).
Auf »f« durch den Mund ausatmen, gleichzeitig das Schambein in Richtung Nabel ziehen und dabei den Stab zur Decke drücken. Der am Kopfende stehende Partner umfaßt den Stab und übt Gegendruck aus.

ÜBUNG 2: Ausgangsstellung.
Tief durch die Nase einatmen und dabei den Bauch wölben (leichtes Hohlkreuz).
Auf »f« durch den Mund ausatmen, gleichzeitig das Schambein in Richtung Nabel ziehen und dabei den Stab in Richtung Knie drükken. Der am Kopfende stehende Partner umfaßt den Stab und übt Gegendruck in Richtung Kopf aus.

Ausgangsstellung

Übung 1

Übung 2

Übung 3

Übung 4

Übung 5

ÜBUNG 3: Ausgangsstellung. Tief durch die Nase einatmen und dabei den Bauch wölben (leichtes Hohlkreuz).
Auf »f« durch den Mund ausatmen, gleichzeitig das Schambein in Richtung Nabel und dabei den Stab über den Kopf ziehen. Der am Kopfende stehende Partner umfaßt den Stab und drückt ihn von sich weg (Widerstand).

ÜBUNG 4: Mit dem Partner im Grätschstand Rücken an Rücken stellen, wobei beide ihre Knie leicht beugen.
Beide drücken ihre ausgestreckten Hände mit den Handflächen gegeneinander.
Beide atmen durch die Nase tief ein und bilden ein leichtes Hohlkreuz, während der Körperkontakt erhalten bleibt.
Beide atmen auf »puhh« aus, ziehen gleichzeitig das Schambein in Richtung Nabel und drücken das Kreuzbein gegeneinander.

ÜBUNG 5: Mit dem Partner im Grätschstand Rücken an Rücken, wobei beide die Knie beugen.
Beide drücken ihre Arme in »U-Halte« (Armhaltung weist eine U-Form auf) gegeneinander, atmen tief durch die Nase ein und bilden ein leichtes Hohlkreuz. Der Körperkontakt bleibt dabei erhalten.
Beide atmen auf »puhh« aus, ziehen gleichzeitig das Schambein in Richtung Nabel und drücken das Kreuzbein gegeneinander.

Übungen im Stand

➠ Nachfolgende Übungen je 5mal ausführen.

ÜBUNG 1: Beide Partner stehen sich mit gegrätschten Beinen in einem Abstand von etwa 1 Meter gegenüber.
Beide umfassen die Handgelenke des Partners, die Arme sind dabei ausgestreckt, und verlagern das Körpergewicht leicht nach hinten.
Während der Übung im gewohnten Atemrhythmus weiteratmen.
Zuerst geht die werdende Mutter mit gerade gehaltenem Rücken tief in die Hocke und richtet sich langsam wieder auf.
Sobald sie zum Stand gekommen ist, geht nun der Partner mit geradem Rücken in die Hocke und richtet sich wieder langsam auf.
Danach führen beide diese Übung insgesamt 5mal gleichzeitig aus.

ÜBUNG 2: *Sie:* Grätschstand an einer Wand; Knie leicht gebeugt.
Die Lenden- und Brustwirbelsäule, den Hinterkopf und beide Schulterblätter an die Wand drücken.
Beide Arme im rechten Winkel zum Boden nach vorne ausstrecken.
Er: Grätschstand mit Gesicht zur Partnerin einnehmen und mit den ausgestreckten Armen die Ellenbogen der Partnerin umfassen; sie umgreift seine Ellenbeugen.
Beide: Sie atmet tief ein und geht dabei leicht ins Hohlkreuz.
Während sie auf »f« ausatmet, zieht sie das Schambein in Richtung Nabel (Becken wird aufgerichtet) und drückt gleichzeitig mit den Händen die Arme des Partners nach außen, der mit seinen Händen nach innen dagegendrückt.

Übung 1 im Wechsel

Übung 1 gleichzeitig

Übung 2

Übung 3: Körperdruck bei Ziffer 12

ÜBUNG 3: Die Partner stellen sich mit leicht gegrätschten Beinen und etwas gebeugten Knien Rükken an Rücken und drücken Arme sowie Handflächen gegeneinander. Gesäß, Rücken und Hinterkopf sollen sich dabei berühren.
Nun stellen sich beide ein Zifferblatt zwischen ihren Rücken vor, wobei die 6 sich in Höhe des Kreuzbeins und die 12 in Hinterkopfhöhe befindet.
Beide schließen die Augen und lassen Ruhe einkehren!
Nun drücken beide die Kreuzbeine gegeneinander (Beckenaufrichtung) und konzentrieren sich auf eine *fließende gemeinsame Körperbewegung* von Zahl 6 nach Zahl 12 des Zifferblatts, indem sie ihre Lendenwirbelsäule, Brustwirbelsäule, Schulterblätter und den Hinterkopf nach und nach aneinanderdrücken.
Beide atmen dabei im gewohnten Rhythmus weiter.
Beide lösen nun wieder den Körperdruck fließend in umgekehrter Richtung von Zahl 12 nach Zahl 6.

Übung 3:
Körperdruck bei Ziffer 6

Entspannungsübungen

IM SITZEN: Der Partner setzt sich auf den Boden, lehnt sich nach Möglichkeit mit dem Rücken an eine Wand und grätscht die leicht angewinkelten Beine.
Die werdende Mutter setzt sich im Schneidersitz (mit dem Rücken zum Partner) zwischen die gegrätschten Beine ihres Partners und lehnt sich bequem zurück.
Der Partner legt seine Hände leicht gespreizt in die linke und rechte Leiste der vor ihm sitzenden Partnerin, wobei die Fingerspitzen seiner Hände auf ihrem Schambein liegen.
Sie atmet langsam durch die Nase tief ein.
Während sie auf »f« durch den Mund ausatmet, streicht er mit den Fingerkuppen mit sanftem Druck über die Leisten zum Beckenrand.
Übung insgesamt 5mal ausführen.

IM KNIEN: *Sie:* Kniestand einnehmen und Beine spreizen. Den Oberkörper nach vorne senken und beide Unterarme als Körperstütze auf den Boden legen.
Die Stirn zwischen den Armen auf einem Kopfkissen ablegen.
Augen schließen und Ruhe einkehren lassen!
Wie gewohnt weiteratmen.
Er: Fersensitz hinter der Partnerin einnehmen.
Mit den Fingerkuppen beider Hände in kreisenden Bewegungen (sanfter Druck) vom Steißbein aus zum Kreuzbein hin massieren und, ohne die Hände abzuheben, zum Steißbein wieder zurückgleiten.
Übung etwa 1 bis 2 Minuten lang ausführen.

Entspannungsübung im Sitzen

Entspannungsübung im Knien

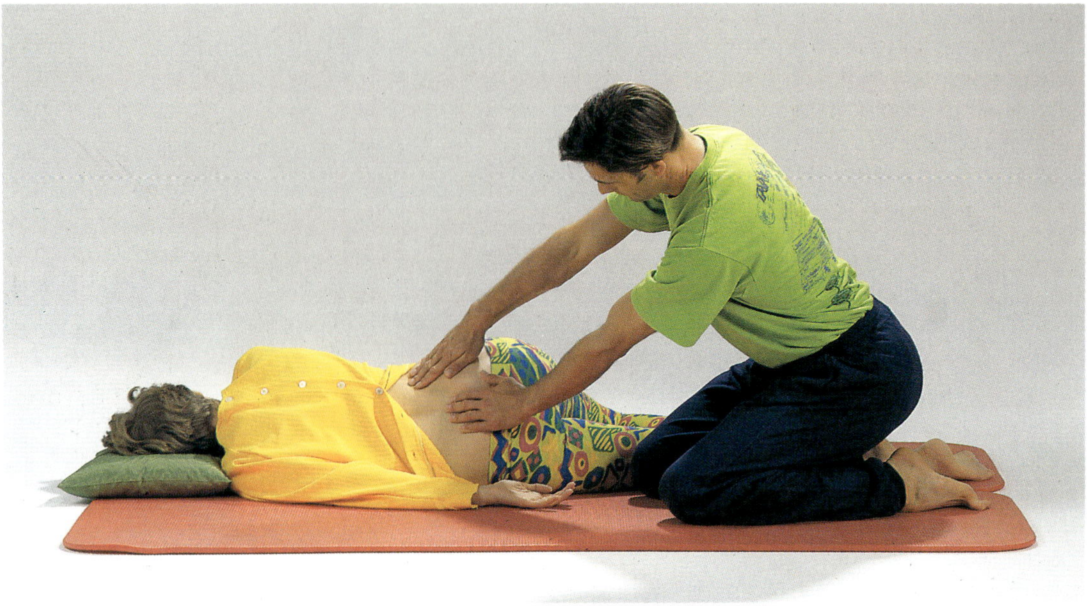

Entspannungsübung in Seitlage

IN SEITLAGE: *Sie:* Seitlage einnehmen, wobei der untere Arm hinter dem Körper am Rücken entlang abgelegt wird.
Den oberen Arm angewinkelt vor dem seitlich aufliegenden Kopf ablegen.
Das untere Bein ausstrecken und das obere Bein anwinkeln.
Augen schließen und Ruhe einkehren lassen!
Im gewohnten Rhythmus ruhig weiteratmen.
Er: Fersensitz hinter der Partnerin in Höhe ihrer Hüfte einnehmen.
Mit den Fingerkuppen beider Hände in kreisenden Bewegungen unter sanftem Druck vom Steißbein aus über das Kreuzbein, parallel der Wirbelsäule entlang, bis in Höhe der Schulterblätter massieren. Ohne die Hände abzuheben, nun zum Steißbein wieder zurück.
Übung etwa 1 bis 2 Minuten lang ausführen.

Am Ende der Übung mit den flach aufliegenden Händen jeweils die linke und rechte Gesäßhälfte bis in Taillenhöhe mehrere Male ausstreichen.

Möchten Sie die Massage noch etwas intensiver erleben, dann nehmen Sie Noppenbälle (im Sanitätsfachhandel erhältlich) zu Hilfe. Massieren Sie mit kreisenden Bewegungen über Kreuz- und Steißbein etwa 1 bis 2 Minuten

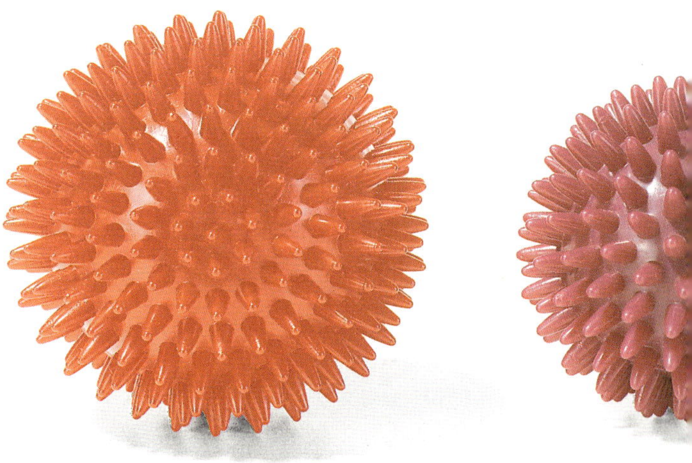

AUF DEM STUHL: *Sie (im Reitersitz):* Sitzhaltung auf einem Stuhl so einnehmen, daß die Bauchseite zur Lehne gerichtet ist und die Beine gespreizt sind.
Beide Arme übereinander verschränkt, in bequemer Haltung, auf die Stuhllehne auflegen.
Den Kopf auf den Armen entspannt ablegen.
Augen schließen und Ruhe einkehren lassen!
Im gewohnten Rhythmus ruhig weiteratmen.
Er: Kniestand hinter der Partnerin einnehmen.
Mit den Fingerkuppen beider Hände in kreisenden Bewegungen unter sanftem Druck vom Steißbein aus über das Kreuzbein, parallel der Wirbelsäule entlang, bis in Höhe der Schulterblätter massieren. Ohne die Hände abzuheben, nun zum Steißbein wieder zurückgleiten.
Übung etwa 1 bis 2 Minuten lang ausführen.
Danach mit den flach aufliegenden Händen unter sanftem Druck jeweils die linke und die rechte Beckenseite bis in Taillenhöhe mehrmals ausstreichen.
Am Ende der Übung mit den flach aufliegenden Händen unter sanftem Druck von den Schultern zum Nacken hin und wieder zurück mehrmals ausstreichen.

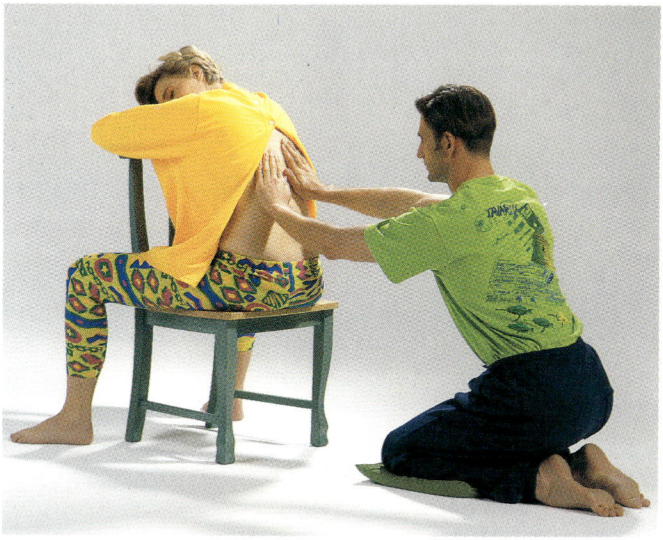

Entspannungsübung auf dem Stuhl

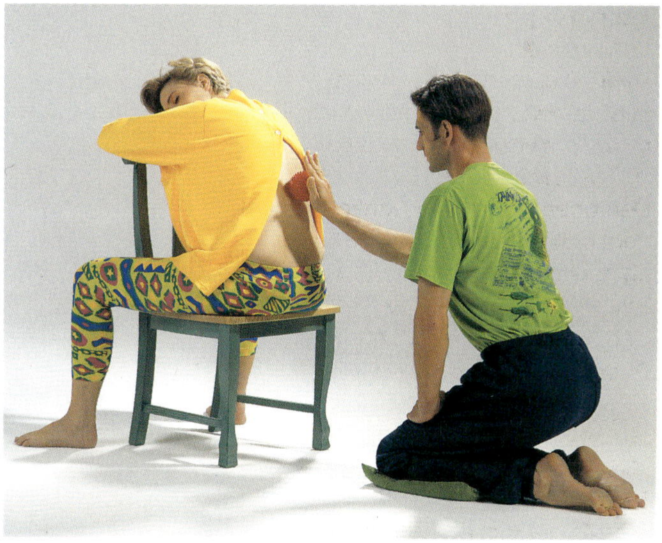

Massage mit dem Noppenball

Gesunde Lebensweise

Gesünder leben von Anfang an. Die Verantwortung für das in Ihnen wachsende Leben läßt Sie unter Umständen Ihre bisherige Lebensweise in Frage stellen. Gesünder leben, bewußter essen und trinken: Die Schwangerschaft ist eine gute Zeit, um damit anzufangen. Verwöhnen und pflegen Sie sich – sowie Ihr noch ungeborenes Baby. Denn geht es Ihnen gut, so geht es dadurch Ihrem Kind geradezu paradiesisch gut.

Massagen zur Selbstanwendung

Zu keinem Zeitpunkt Ihres Lebens erfährt Ihr Körper solch dramatische Veränderungen wie während der Schwangerschaft. Fast alle Veränderungen sind auf die enorm starke Hormonausschüttung bzw. auf den wachsenden Platzbedarf des Babys zurückzuführen. In besonders hohem Maße wird das Bindegewebe von Brust, Bauch, Hüfte und Oberschenkel beansprucht. Bei vielen Frauen, vor allem aber bei Frauen mit einer Veranlagung zur Bindegewebsschwäche, bilden sich aufgrund der Überdehnung millimeterdünne Risse im Unterhautgewebe. Diese Schwangerschaftsstreifen, auch Striae genannt, verfärben sich während der Schwangerschaft blaurot – erst nach der Entbindung verblassen sie langsam und bleiben zum Leidwesen der Frauen meist als weißliche Streifen zurück.

Täglich ein wenig »Zupfen«, damit keine bzw. möglichst wenige der ungeliebten Schwangerschaftsstreifen entstehen

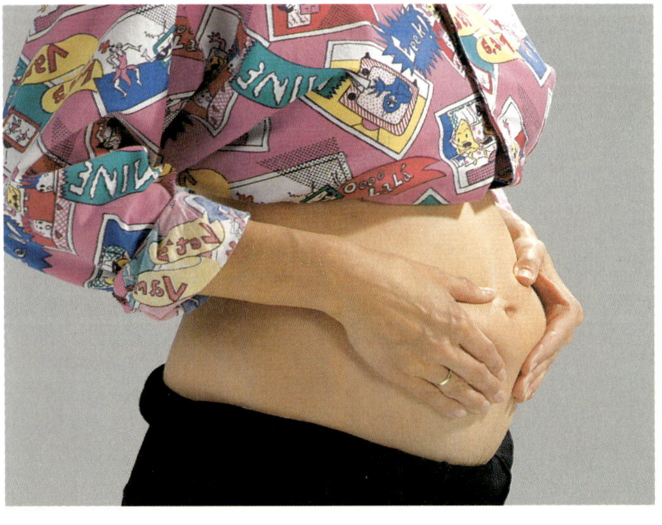

Wenngleich nicht in jedem Falle die Bildung von Schwangerschaftsstreifen verhindert werden kann, so vermag jedoch eine regelmäßige Selbstmassage, das Hautgewebe dehnfähiger zu machen und damit vorbeugend zu wirken. Beginnen Sie noch bevor der Bauch oder Busen überhaupt wächst. Sind die Schwangerschaftsstreifen erst einmal da, nützt Ihnen diese Massage nicht mehr viel.

Zupfmassage für Bauch und Brust

Bestreichen Sie Bauch und Brust mit einem guten Hautöl, das Sie auch sonst zur Körperpflege verwenden. Greifen Sie mit beiden Händen, jeweils zwischen Zeigefinger und Daumen, eine Hautfalte, ziehen (zupfen) diese leicht vom Körper weg (nicht kneifen!), und lassen Sie sie dann los. Am besten beginnen Sie mit einer Zupfmassage oberhalb des Schambeins und fahren dann kreisförmig um den Bauchnabel herum fort. Achten Sie darauf, daß Sie die gesamte Bauchregion mit einbeziehen. Bei richtiger Anwendung werden Sie aufgrund der besseren Durchblutung eine angenehme Wirkung verspüren. Leichte Hautrötungen, die besonders bei hellhäutigen Typen auftreten, vergehen nach kurzer Zeit wieder. In gleicher Weise behandeln Sie Ihre Brust, nicht aber die Brustwarze! Beginnen Sie mit dem Zup-

fen in kurzer Entfernung von der Peripherie der Brustwarze, und massieren Sie kreisförmig fort zum Brustansatz hin. Führen Sie diese Massage insgesamt 2mal aus, bevor Sie zur anderen Brust übergehen.
Mit diesen Zupfmassagen an Bauch und Brust sollten Sie spätestens vom 5. Schwangerschaftsmonat an regelmäßig beginnen, und zwar konsequent jeden Tag 5 bis 10 Minuten lang.

Ganzkörper-Streichmassage mit der Bürste

Gönnen Sie sich allmorgendlich vor dem Duschen eine Ganzkörper-Streichmassage von 5 bis 10 Minuten Dauer, und Sie werden den Tag frisch und aktiv beginnen. Dazu benötigen Sie nicht viel: nur ein wenig Disziplin und eine gute Massagebürste mit Naturborsten! Die Haut muß trocken sein. Verwenden Sie auch kein Öl, keine Körperlotion und keine Creme. Bürsten Sie, vom Fuß ausgehend, das Schienbein, die Wade und die Seiten des Unterschenkels zum Knie hin. Wichtig ist, daß Sie am Knie aufhören zu bürsten und erneut wieder, vom Fuß ausgehend, beginnen. *Sämtliche Massagerichtungen sollen immer zum Herzen hin erfolgen.* Massieren Sie nun in derselben Beinregion mit kreisenden Bewegungen, wobei Sie wieder jedesmal am Knie absetzen und vom Fuß aus neu beginnen. Die gleiche Bürstenmassage führen Sie jetzt am Oberschenkel, vom Knie beginnend, bis zur Hüfte aus, und zwar zuerst wieder in gerader Richtung und dann in kreisförmigen Bewegungen. Danach behandeln Sie das andere Bein in der gleichen Weise. Anschließend wiederholen Sie diese Bürstenmassage im Bauch- und Brustbereich, also zunächst in gerader Richtung, dann in kreisenden Bewegungen und immer zum Herzen hin. Die gleiche Massagetechnik wenden Sie ebenfalls am Rücken und im Gesäßbereich an. Hierbei kann eine in der Qualität entsprechende Stielbürste sehr nützlich sein. Zum Schluß bürsten Sie noch Ihre Arme in ähnlicher Weise und Reihenfolge wie Ihre Beine.

Bürstenmassagen wirken stimulierend wie auch entspannend

Körperpflege

In der Schwangerschaft sollte die Körperpflege überwiegend unter dem Gesichtspunkt der veränderten Hormontätigkeit gesehen werden. So können natürliche Begleiterscheinungen wie z. B. vermehrte Schweißabsonderungen, fettendes oder sprödes Haar oder Spannungen in der Haut das Wohlbefinden der werdenden Mutter doch recht beeinträchtigen und den Wunsch nach einer verstärkten Körperhygiene hervorrufen. Schließlich wird die Schwangere trotz oder gerade wegen ihres zunehmenden Körperumfangs auch besonders auf ihr äußeres Erscheinungsbild Wert legen und sich gerne einer den »anderen Umständen« gerechten Körperpflege widmen. Das tägliche Dusch- bzw. Vollbad mit einer Wassertemperatur von circa 30° Celsius können Sie daher durchaus beibehalten. In den letzten Wochen der Schwangerschaft sollten Sie allerdings nur noch duschen, weil ein Baden in der Wanne aufgrund der doch jetzt stattlichen Leibesfülle recht beschwerlich werden kann (Unfallgefahr durch Ausrutschen, Beschwerlichkeiten beim Be- und Entsteigen der Wanne, erhöhte Kreislaufbelastung usw.). Gönnen Sie Ihrer strapazierten Haut milde und hautverträgliche Badezusätze bzw. Duschpräparate, und verwöhnen Sie sich nach dem Bad durch gründliches Einölen oder Eincremen des gesamten Körpers mit ebenfalls sanften und hautfreundlichen Lotions oder Ölen. Besonders günstig wäre jetzt eine Zupfmassage (vgl. S. 66).

➠ Während der gesamten Schwangerschaft dürfen keine Scheidenspülungen vorgenommen und/oder Intimsprays verwendet werden, da andernfalls die Scheidenflora empfindlich gestört und hierdurch eine erhöhte Infektionsgefahr hervorgerufen wird. Waschungen mit klarem und lauwarmem Wasser reichen vollkommen aus.

Milde Öle und hautverträgliche Badezusätze pflegen und verwöhnen Ihren Körper

Die erhöhte Produktion des Hormons Östrogen während der Schwangerschaft verursacht einen schnelleren und kräftigeren Haarwuchs als normal, wodurch eventuell Probleme bei der täglichen Frisur entstehen können, insbesondere dann, wenn die Haare außerdem noch trockener oder fettiger als bisher sind. Falls Ihr Haar fettiger werden sollte, verwenden Sie ein entsprechend mildes Pflegeshampoo. Waschen Sie Ihr Haar nur mit lauwarmem Wasser, und fönen Sie nur mit mittlerer Temperaturstufe. So wird der erhöhten Talgproduktion der Kopfhaut auf natürlichem Wege entgegengewirkt. Bei trockenem Haar hingegen haben sich Kurpackungen bislang bestens bewährt.
Nicht zuletzt sollten Sie auch an Ihre Zahnpflege denken. Es stimmt zwar nicht, daß jede Schwangerschaft »einen Zahn kostet«, aber Ihre Zähne sind jetzt aufgrund der verstärkten Durchblutung des Zahnfleisches (schwillt an und ist infektionsempfindlich) erhöhter Kariesanfälligkeit ausgesetzt. Der Mundhygiene ist daher eine noch größere Aufmerksamkeit zu schenken als bisher. Gehen Sie während der Schwangerschaft zweimal zu Kontrolluntersuchungen zum Zahnarzt (Bonusheftchen nicht vergessen!). Im Falle einer unaufschiebbaren Zahnbehandlung muß Ihr Arzt allerdings unbedingt Kenntnis von der bestehenden Schwangerschaft haben, um seine Behandlungsmethoden möglichst danach richten zu können (keine Betäubungsspritzen, kein Röntgen).

Nehmen Sie sich jetzt besonders viel Zeit, und genießen Sie die Körperpflege

Die richtige Ernährung

Die richtige Ernährung in der Schwangerschaft ist gar nicht so schwer, wenn Sie sich einmal in aller Ruhe die Aufgaben vor Augen führen, die Ihr Körper jetzt zu erfüllen hat. So muß die Ernährung vor allem

- die Leistungsfähigkeit Ihres eigenen Organismus erhalten,
- sämtliche erforderlichen Nährstoffe für die Entwicklung Ihres Kindes bereitstellen und
- eine ausreichende Reserve zum Stillen Ihres Kindes für die Zeit nach der Geburt bilden.

Diesen Anforderungen kann aber nur eine ausgewogene Kost gerecht werden, die in ihrer Zusammensetzung auch den vermehrten Bedarf an Kalorien, Eiweiß, Kohlenhydraten, Vitaminen (wie z. B. Vitamin A, D, C und die B-Vitamine) und Mineralstoffen (wie z. B. Kalzium, Phosphor, Eisen und Jod) berücksichtigt. In einer ausgewogenen Ernährung sollten folgende Lebensmittel nicht fehlen: Obst, Gemüse, Fisch, Fleisch (mager), Vollkornprodukte und Getreide, Milch und Milchprodukte sowie alkohol- und coffeinfreie Getränke. Meiden sollten Sie Fertigprodukte, Dosenwaren und Alkohol. 5 kleinere Mahlzeiten am Tag sind im übrigen wesentlich besser als 3 große! Es bedarf wohl keiner näheren Erläuterung, daß dieser Mehrbedarf an Nährstoffen nicht allein durch erhöhten Konsum von Obst und Salaten gedeckt wird.

Fragen Sie die AOK nach der VIER-WOCHEN-KUR, einem Ernährungsplan, der ganz auf Ihre persönlichen Belange abgestimmt wird

Kalorien

Ein »Essen für zwei« ist sicher der falsche Weg, bitte auch bei Zwillingen nicht für drei essen! Denn am Anfang Ihrer Schwangerschaft benötigen Sie keine zusätzlichen Kalorien. Erst ab dem 4. Monat steigt der tägliche Kalorienbedarf um etwa 300 »Extrakalorien« (=1255 kJ). Im Vergleich zum Nährstoffbedarf ändert sich der Energiebedarf während der Schwangerschaft nur wenig. Genauso falsch, ja sogar gefährlich, kann das andere Extrem sein, dem manchmal, insbesondere schlankheitsbewußte Frauen erliegen, indem sie in Anbetracht der

Gewichtszunahme einfach weniger essen. Ihr Argument, das Kind im Mutterleib hole sich schon, was es für seine Entwicklung benötigt, erscheint nur auf den ersten Blick hin stichhaltig. Fehlt es aber an der erforderlichen Nährstoffmenge, so wird sich dieses Defizit zwangsläufig negativ auf die Entwicklung des Kindes auswirken, weil dem ungeborenen Organismus wichtige Aufbaustoffe nur unzureichend zugeführt werden können. Die verantwortungsbewußte Frau wird während ihrer Schwangerschaft darauf bedacht sein, ihren Körper mit dem notwendigen Maß an Energie zu versorgen. Nehmen Sie den durchschnittlichen Energiebedarf einer nichtschwangeren Frau von etwa 2 200 Kilokalorien (= 9 204 kJ) pro Tag als Richtlinie, und steigern Sie die Kalorienzufuhr erst ab dem 4. Monat.

Milch und Milchprodukte sind in der Schwangerschaft ganz besonders wertvolle Eiweißlieferanten

Eiweiß

Eiweiß ist der wichtigste Baustein unseres Körpers. Insoweit ist der Eiweißbedarf gerade in der Schwangerschaft besonders hoch. Da Eiweiß für den Aufbau des kindlichen Organismus sehr wichtig ist, sollten Sie eine eiweißreiche Kost bevorzugen. Weil Eiweiß sowohl in tierischen als auch in pflanzlichen Nahrungsmitteln enthalten ist, dürfte eine eiweißreiche Ernährung selbst für Frauen, die sich vegetarisch ernähren, kein Problem sein. Tierisches Eiweiß ist jedoch wertvoller für den Körper als pflanzliches. Es ist hauptsächlich enthalten in Fleisch, Geflügel, Fisch sowie in Milch und Milchprodukten (keine Rohmilch trinken!) sowie in Eiern. Pflanzliches Eiweiß befindet sich vor allem in Hülsenfrüchten wie Erbsen, Bohnen und Linsen, in verschiedenen Getreidesorten und Vollkornprodukten (z. B. dunkle Brotsorten) sowie in Nüssen (diese enthalten aber auch viel Fett!). 50 % des Eiweißes sollte tierischen Ursprungs sein, da dies besonders viele essentielle Aminosäuren enthält.

Fett

Fette werden aus tierischer und pflanzlicher Nahrung aufgenommen. Da Fette sehr kalorienreich sind (1 g Fett liefert ca. 9 Kilokalorien bzw. 39 Kilojoule Energie = doppelt soviel wie die gleiche Menge Kohlenhydrate oder Eiweiß) und da der Körper die nichtverbrauchte Fette als Energiedepot speichert, sollte generell bei der Ernährung auf eine möglichst fettarme Kost geachtet werden. Wir essen ohnehin zu fett!

Der Fettbedarf ist während der Schwangerschaft nicht erhöht. Bei vielen Nahrungsmitteln sind Fette versteckt vorhanden, so z. B. in Soßen, Pommes frites, Wurst, Käse, Nüssen, Mayonnaise, Blätterteig, Schokolade, Kuchen, Gebäck. Wenn Sie Fett verwenden, dann greifen Sie zu Produkten mit mehrfach ungesättigten Fettsäuren (z. B. kaltgepreßte Pflanzenöle oder Reformhausmargarine).

Ernähren Sie sich in der Schwangerschaft möglichst gesund und abwechslungsreich

Kohlenhydrate

Kohlenhydrate sind die Lieferanten für Energie und zur Hauptsache in pflanzlichen Nahrungsmitteln wie Kartoffeln, Mehl (Vollkornmehl enthält daneben auch noch wertvolle Vitamine und Mineralstoffe), Reis (Naturreis ist wertvoller, da er ebenfalls noch Vitamine und Mineralstoffe enthält), Zucker (nicht empfehlenswert), Obst, Gemüse oder Getreideprodukten (z. B. Vollkornbrot) in großen Mengen enthalten. Mit diesen Kohlenhydratquellen können Sie Ihrem Körper zusätzlich auch Mineralstoffe und Vitamine zuführen wie auch Ballaststoffe, die für eine geregelte Verdauung sorgen. Bevorzugen Sie natürliche Kohlenhydratlieferanten wie alle Vollkornprodukte, ungeschälten Reis, Mais, Kartoffeln oder Hülsenfrüchte – sie liefern die wertvollen, komplexen Kohlenhydrate sowie zahlreiche Vitamine und Mineralstoffe – und lassen Sie Zucker, süßes Gebäck sowie Süßigkeiten, die sogenannten leeren Kalorien lieber liegen.

Mineralstoffe

Kalzium ist wesentlich am Knochenaufbau und an der Zahnentwicklung beteiligt. Daher erhöht sich der Kalizumbedarf während der Schwangerschaft, den Sie durch verstärkten Verzehr von Milch und Milchprodukten (keine Rohmilch trinken) sowie von Gemüsen jedoch decken können. **Phosphor** ist ein wichtiger Bestandteil unserer Zellen und dient neben Kalzium dem Knochenaufbau. Er kommt in vielen Lebensmitteln vor, z. B. in Milch und Milchprodukten, Fleisch, Getreide und Vollkornerzeugnissen sowie in Kartoffeln.

Eisen ist Bestandteil des roten Blutfarbstoffs. Da die Blutmenge während der Schwangerschaft erheblich zunimmt (bis zu 2 Litern), erhöht sich folglich auch der Eisenbedarf ganz beträchtlich. Eisenreiche Nahrungsmittel sind z. B. Fleisch (mageres Fleisch bevorzugen), Getreide und Vollkornprodukte, Hülsenfrüchte, Gemüse (Fenchel, Schwarzwurzeln, Spinat und Rosenkohl) sowie getrocknetes Obst. Ebenso liefern alle sehr viel Eisen.

Da sie aber häufig auch große Mengen an Schwermetallen enthalten, sollten Sie auf den Verzehr jedoch lieber verzichten. Häufig wird Schwangeren vom Arzt ein Eisenpräparat verordnet, damit der Eisenbedarf vollends gedeckt wird. Durch einen gleichzeitigen Verzehr von Vitamin C können Sie die Eisenaufnahme in den Körper steigern. Schwarzer Tee hingegen behindert die Eisenresorption (Aufnahme).

Entscheidend für die Qualität der Nahrung ist unter anderem der Grad ihrer Verarbeitung. Je näher ein Nahrungsmittel seinem ursprünglichen Zustand bleibt, um so besser ist es

Jodmangel führt zu einer Unterfunktion der Schilddrüse und begünstigt die Kropfbildung. Achten Sie daher bei der Zubereitung Ihrer Mahlzeiten auf Ihren erhöhten Jodbedarf, indem Sie beispielsweise jodiertes statt herkömmliches Speisesalz verwenden (aber bitte immer in Maßen salzen!) und auf Ihrem Speiseplan öfters einmal Seefisch, Muscheln oder Garnelen vorsehen.

Vitamine

Vitamine sind lebensnotwendige Substanzen, die der Körper größtenteils nicht selbst bilden kann. Sie betätigen sich beim Zellstoffwechsel vorwiegenderweise als »Beschleuniger« von chemischen Reaktionen. Da während der Schwangerschaft eine erhöhte Stoffwechselaktivität besteht, sollten Sie darauf achten, den erhöhten Vitaminbedarf Ihres Körpers, insbesondere der B-Vitamine sowie der Vitamine A, D und C zu decken.
Vitamine der B-Gruppe sind in größeren Mengen enthalten in Schweinefleisch, Fisch, Vollkornprodukten, Haferflocken, Weizenkeimen, Eiern, Milch, Käse, Kartoffeln, Hülsenfrüchten und Gemüse.

Nicht die schlechteste Regel: als Schwangere sollten Sie für eine Person essen, aber für zwei trinken

Die **Folsäure**, zu den B-Vitaminen gehörend, übt eine wichtige Funktion beim Zellaufbau und bei der Bildung von roten Blutkörperchen aus. Gute Folsäure-Quellen sind Gemüse (z. B. Brokkoli, grüne Bohnen, Mais, Blumenkohl), Obst (Bananen, Orangen, Erdbeeren) und Vollkornprodukte.
Vitamin A ist wichtig für den Aufbau und den Schutz der Haut sowie der Schleimhäute und ist fettlöslich enthalten in Milch und Milchprodukten, Margarine, Butter, grünem und gelbem Gemüse (Möhren), Obst (z. B. Aprikosen, Honigmelonen) sowie in Fisch.
Vitamin D spielt eine wichtige Rolle beim Knochenaufbau und unterstützt die Aufnahme von Kalzium sowie von Phosphor. Wichtige Vitamin-D-Lieferanten sind: Seefisch, Pilze und Eigelb.
Vitamin C aktiviert den gesamten Zellstoffwechsel und erhöht die natürlichen Widerstandskräfte des Körpers. Es ist zur Hauptsache in Zitrusfrüchten, Sanddornbeeren, frischem Obst und in Grüngemüse enthalten.

Trinken

Nicht zuletzt sollte jede Schwangere auch auf eine ausreichende Flüssigkeitszufuhr achten, die bei etwa 2 Litern pro Tag liegt. Einen Teil der Flüssigkeit nehmen wir dabei schon indirekt über die Nahrung zu uns (Obst und Gemüse bestehen oft zu über 80 % aus Wasser), den Rest sollten Sie in Form von Mineralwasser, Früchte- und Kräutertees sowie Fruchtsäften zuführen.

Worauf Sie lieber verzichten sollten

Alkohol

Regelmäßiger hoher oder übermäßiger Alkoholkonsum ist immer gesundheitsschädlich. Auch bei einem vernünftigen Umgang mit Alkohol sollten Sie aber bedenken, daß Ihr ungeborenes Kind stets mittrinkt. Denn der von der Mutter aufgenommene Alkohol gelangt über die Plazenta in den kindlichen Kreislauf. Während die mütterliche Leber den Alkohol mit Hilfe von Enzymen abbaut, vermag die kindliche Leber den Alkohol nicht zu verarbeiten. Kinder, die also im Mutterleib regelmäßig »mittrinken müssen«, werden in ihrer Entwicklung massiv bedroht. Nicht selten kommen sie untergewichtig, mit Mißbildungen, Anomalien, Organschäden oder Schäden am Nervensystem zur Welt. Dennoch muß der Alkohol nicht gleich verteufelt werden. Gegen ein Schlückchen Sekt oder ein Glas Wein zu einem besonderen Anlaß wird wohl auch bei kritischster Einstellung während der Schwangerschaft nichts einzuwenden sein.

Nikotin

Die gesundheitsschädlichen Auswirkungen des Rauchens dürften Ihnen bekannt sein. Wenn Sie es bisher noch nicht geschafft haben, das Rauchen aufzugeben, dann tun Sie es nun Ihrem noch ungeborenen Kind zuliebe. Tips und Ratschläge, wie Sie vom Rauchen loskommen, geben Ihnen Ihre Krankenkassen. Rauchen während der Schwangerschaft ist schlichtweg unentschuldbar! Das beim Rauchen aufgenommene Nikotin ist ein ausgesprochenes Gefäßgift und verengt die Blutgefäße, wodurch die Plazenta nur ungenügend durchblutet wird und das Kind demzufolge akuten Nährstoff- und Sauerstoffmangel erleidet. So liegt es auf der Hand, daß

Mäßiger Alkoholgenuß kann selbst während der Schwangerschaft gestattet werden – ein Gläschen in Ehren bedeutet für viele eine angenehme Entspannung. Mehr sollte es aber nicht sein

sich sowohl aktives als auch passives Rauchen äußerst fatal auf die gesamte Entwicklung des Ungeborenen auswirkt. Kinder von Raucherinnen oder rauchenden Eltern kommen sehr häufig untergewichtig oder aber mit gravierenden Gesundheitsschäden, an denen sie dann ihr ganzes Leben lang tragen, zur Welt. Je nach Ausmaß des Zigarettenkonsums erhöht sich außerdem das Risiko einer Früh- oder Fehlgeburt sowie die Säuglingssterblichkeit.

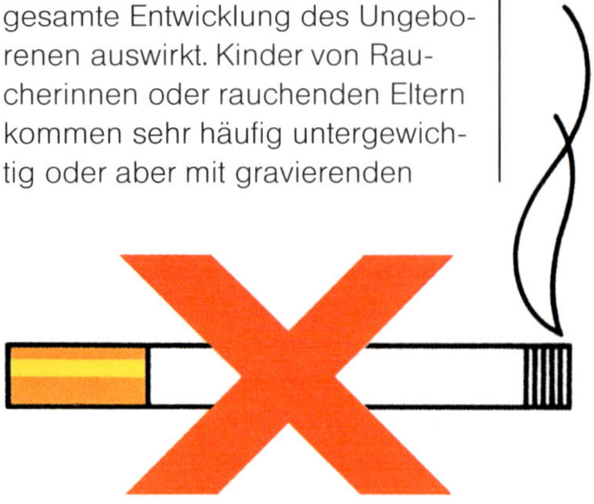

Medikamente

Die Einnahme von Medikamenten während der Schwangerschaft sollte grundsätzlich nur auf Verordnung des betreuenden Arztes erfolgen. Selbst harmlose und frei verkäufliche Medikamente, die bisher bei kleineren Unpäßlichkeiten gut vertragen wurden, können sich unter Umständen als gefährlich für die werdende Mutter und das ungeborene Kind erweisen. Dies zu beurteilen wird wohl nur dem Arzt möglich sein. Bei leichteren Erkrankungen wie z. B. Erkältung oder Kopfschmerzen sollten Sie zunächst einmal auf Medikamente verzichten bzw. lieber zu probaten Hausmitteln (Inhalationen, Schwitzen) greifen.

Banale Erkrankungen lassen sich meist schon mit einfachen Hausmitteln gut überstehen

Sport und Reisen

Schwangerschaft und Sport schließen einander nicht aus

Auf Ihre sportlichen Aktivitäten brauchen Sie auch während der Schwangerschaft nicht zu verzichten, es sei denn, daß medizinische Hinderungsgründe bestehen. Darüber wird Ihr Arzt Sie aber informieren und entsprechend beraten. Gerade in der Schwangerschaft sollten Sie sich viel und möglichst in frischer Luft bewegen. Denn Ihr Kreislauf hat jetzt Höchstleistungen zu vollbringen (siehe S. 12). Unterstützen Sie Ihren Kreislauf durch ein regelmäßiges, Ihrer Schwangerschaft angepaßtes Training. Hierfür bietet der Sport eine Palette reichhaltiger und individueller Möglichkeiten an. Selbstverständlich sollten Sie nun aber keinen Leistungssport oder solche Sportarten treiben, bei denen der Körper im besonderen Maße Erschütterungen (Stoß, Sturz, Fall) oder einem hohen Verletzungsrisiko ausgesetzt ist. Ihre Bänder und Gelenke sind aufgrund der Schwangerschaft gelockert und sollten daher nicht überbeansprucht werden. Vermeiden Sie daher Sportarten wie z. B. Skilaufen, Tennis, Squash, Golf, Reiten, Bergsteigen, Surfen, Segeln, Motorsport und jeglichen Wettkampfsport.
Dagegen eignen sich z. B. Jogging, Wandern, Radfahren, Gymnastik und Schwimmen ganz besonders, Ihr nunmehr stark beanspruchtes Herz-Kreislauf-System zu aktivieren und Ihren Körper auf seine hohe Belastungsfunktion hin zu trainieren. Grundsätzlich gilt jedoch: Haben Sie Lust an bestimmten Sportarten, dann betreiben Sie sie ruhig weiter. Sie werden selbst spüren, ab wann es zu wild wird und von alleine ein bißchen »herunterschalten«.

Möchten Sie mehr Bewegung in Ihren Alltag bringen, dann wenden Sie sich z. B. an Ihre Krankenkasse

Schwimmen: ideal in der Schwangerschaft

Schwimmen ist der ideale Sport für Schwangere. Durch die Tragfähigkeit des Wassers wird dem Körper ein Teil der Eigenschwere genommen, was Sie bei zunehmender Körperfülle als äußerst wohltuend empfinden werden. Darüber hinaus wird auch noch Ihre Wirbelsäule angenehm entlastet. Dies bewirkt in der Regel eine erhebliche Linderung der schwangerschaftsbedingten Rückenschmerzen. Vermeiden Sie aber das Brustschwimmen. Durch das Heraushalten des Kopfes aus dem Wasser wird die Wirbelsäule im Hals- und Lendenbereich »überbogen« (überlordorsiert); am besten ist daher Rückenschwimmen. Durch Schwimmen lassen sich Muskelverspannungen, die hauptsächlich in der zweiten Schwangerschaftshälfte die körperliche Befindlichkeit stark beeinträchtigen können, exzellent lösen.

Weiterhin werden Sie durch das Schwimmen ganz automatisch Ihre Atmung intensivieren, so daß letztlich Ihr Baby in verstärktem Maße mit Sauerstoff versorgt wird.
Doch behalten Sie bitte bei allen Ihren sportlichen Betätigungen während der Schwangerschaft Ihr persönliches Leistungsvermögen stets im Auge, und beenden Sie Ihre Aktivitäten sofort, sobald Sie eine Überbeanspruchung oder gar ein Unwohlsein verspüren.

Auch Schwangere reisen gerne

Grundsätzlich bestehen keine Einwände gegen Reisen während der Schwangerschaft. Doch kann dies letztlich nur Ihr betreuender Arzt entscheiden, mit dem Sie daher auch rechtzeitig Ihre Reisewünsche besprechen sollten. Es gibt verschiedene Kriterien, die Sie auch bei einer normal verlaufenden Schwangerschaft beachten sollten. Die günstigste Reisezeit liegt im mittleren Drittel der Schwangerschaft, weil einerseits der Embryo in dieser Phase seinen festen Sitz in der Gebärmutter eingenommen haben dürfte und andererseits sich Ihr Körperumfang, der ein Reisen beschwerlich machen könnte, noch in Grenzen hält. Im Vordergrund Ihrer geplanten Reise sollte aber jetzt Ihr ganz persönlicher Erholungswert stehen, damit Sie dann mit voller Kraft zum Endziel Ihrer Schwangerschaft, einer komplikationsfreien Geburt, »durchstarten« können. Deshalb sollten Sie bei Ihrer Reiseplanung die Jahreszeit, in der das mittlere Drittel Ihrer Schwangerschaft fällt, sowie das Reiseziel berücksichtigen. Davon wird es vielleicht auch abhängen, mit welchem Verkehrsmittel Sie Ihre Reise letztlich antreten. In Anbetracht der heutigen Verkehrsdichte auf unseren Straßen und der häufigen Staus auf fast allen Autobahnen Europas sollten Sie es sich aber gut überlegen, ob Sie sich den Strapazen einer langen Autofahrt, womöglich noch in brütender Hitze oder bei Eis und Schnee, aussetzen wollen. Vor allem aber kommt es beim längeren Sitzen im Auto nicht selten zu einem Blutstau in den Beinen. Auch schränkt die räumliche Enge im Auto Ihre Bewegungsfreiheit, die gerade jetzt für Sie so wichtig ist, erheblich ein. Viel bequemer hingegen reisen Sie mit der Eisenbahn, wo Sie die Möglichkeit haben, sich im Zugabteil auch einmal die Beine zu vertreten oder sich im Speisewagen etwas zu erfrischen.
Ebenso sind Flug- und Seereisen für gesunde werdende Mütter heutzutage völlig unproblematisch. Doch berücksichtigen Sie bei Reisen in ferne Länder die klimatischen Verhältnisse und deren belastenden Einfluß auf Ihren Kreislauf! Auf jeden Fall sollte aber Ihr betreuender Arzt Sie unmittelbar vor Reiseantritt nochmals gründlich untersuchen und sein O.K. hierzu geben. Gegebenenfalls wird er Sie dann mit entsprechenden Medikamenten für die Reise versorgen.

Reisen birgt für eine gesunde Schwangere keine Gefahren – erkundigen Sie sich jedoch am Urlaubsort vorsichtshalber nach der Adresse eines Frauenarztes

Die Geburt

Bevor es »endlich« losgeht, gibt es noch Fragen über Fragen! Über die Wahl des Geburtsortes und der Art, wie Sie Ihr Kind zur Welt bringen möchten, sollten Sie und Ihr Partner sich schon möglichst frühzeitig Gedanken machen. Denn eines ist sicher: Wie Sie die Geburt erleben, hängt sehr stark von der Umgebung, in der sie stattfindet, ab und von den Menschen, die dabei sind.

Vorbereitung auf Geburt und Elternschaft

Vielleicht haben Sie sich bereits vor Ihrer Schwangerschaft Gedanken darüber gemacht, ob Ihr Partner bei der Entbindung anwesend sein soll, auf welche Art Sie entbinden wollen und wo Sie entbinden möchten. Wenn nicht, dann sollten Sie und Ihr Partner möglichst gemeinsam diese Überlegungen nun zu Beginn Ihrer Schwangerschaft anstellen, damit auch der werdende Vater die Chance erhält, in seine Rolle hineinzuwachsen, und zwar unabhängig davon, ob er bei der Geburt dabei sein wird oder nicht. Auch er macht eine schwierige Zeit durch. Anders als die Mutter wird er nicht durch Hormone »umprogrammiert«. Lassen Sie Ihrem Partner Zeit, und reden Sie mit ihm über Ihre und seine Gedanken und Gefühle. Mitunter kann auch die Teilnahme an einem Geburtsvorbereitungskurs dazu beitragen, bei beiden den Blick vom Althergebrachten abzuwenden und auf zeitgemäße Methoden zu richten. Denn eingehende Informationen sowie ein vielseitiger Meinungs- und Erfahrungsaustausch im Kreise werdender Eltern helfen, zumindest über tradierte und festgefügte Ansichten nachzudenken. Schließlich ist das Ereignis »Geburt« das zentrale Thema während der Schwangerschaft, auf das sich die Gedanken und Gefühle der Eltern konzentrieren.

Die Geburt eines Kindes ist auch für den Mann eine einmalige Chance, unbekannte und neue Seiten an sich wahrzunehmen. Lassen Sie ihn an der Vorfreude intensiv teilnehmen

Soll der Vater bei der Geburt anwesend sein?

Die Zeiten, in denen das Gebären ausschließlich »Frauensache« war und der Ehemann nervös auf dem Krankenhausflur auf- und abging oder bei der Hausgeburt in der Küche heißes Wasser zubereitete und auf den ersten Kindsschrei wartete, sind endgültig vorbei. Heutzutage ist die moderne Geburtsmedizin darauf eingestellt, daß der werdende Vater oder eine andere Vertrauensperson in die aktive Geburtsarbeit miteinbezogen wird. So sind im Gegensatz zu den Wickelkursen alten Stils auch die Geburtsvorbereitungskurse moderner Prägung darauf ausgerichtet, werdende Väter nicht nur im Wickeln, Baden und Füttern ihrer künftigen Kinder zu schulen, sondern sie vor allem auch mit den körperlichen Belastungen und psychischen Situationen ihrer Frauen schon während der Schwangerschaft und insbesondere bei der Geburt sowie auch nach der Entbindung vertraut zu machen. Dabei sollen die jungen Väter jedoch nicht in irgendeine Rolle gedrängt werden; auch sollen Sie nicht zusätzliche Pflichten übernehmen. Vielmehr soll den werdenden Eltern die verantwortungsvolle Zweisamkeit der partnerschaftlichen Beziehung, das Füreinanderdasein, als Basis für ihre neue Lebensphase bewußt werden. Nur vor diesem Hintergrund können beide die Frage, ob der Vater bei der Geburt anwesend sein soll, wirklich ehrlich beantworten. Eine ungewollte Anwesenheit bei der Entbindung, die also eher auf Überredung als auf Überzeugung beruht, wird für die werdende Mutter wohl keine Hilfe sein. Selbstverständlich wird der Wunsch des Vaters, bei der Entbindung nicht dabeisein zu wollen, auch nicht unbedingt Ausdruck von Desinteresse oder Abwendung von seiner Partnerin sein. Andererseits wird der werdende Vater, der sich schon während der Schwangerschaft gemeinsam mit seiner Frau auf die Entbindung vorbereitet und mit ihr z. B. Atem- und Entspannungstechniken einübt, bei der Entbindung eine echte und wertvolle Hilfe sein und die Geburt seines Kindes als ein unvergeßliches Ereignis in seinem Leben hautnah miterleben können.

Geburtsvorsorge geht beide Eltern etwas an. Erledigen Sie möglichst viele der Vorbereitungen für das Kind gemeinsam

Welche Geburtsart kommt in Frage?

Sanft, natürlich oder ganz normal? Fast schon ein Methodenstreit in der Geburtshilfe. Machen Sie Ihre Entscheidung von Ihrer persönlichen Situation abhängig

Trotz einer komfortablen Geburtsmedizin, die in unserer modernen Gesellschaft jeder Frau zur Verfügung steht, ist ein deutlicher Trend zu natürlichen und sanften Entbindungsmethoden feststellbar. Dabei schließen sich hochentwickelte Medizintechnik und der Wunsch nach natürlichen Geburtsmethoden keineswegs aus. Dank des medizinischen Fortschritts ist es heute möglich, der Schwangeren eine ganze Palette von Entbindungsmethoden anzubieten, aus der sie sich die für sie in Frage kommende Geburtsart aussuchen kann, sofern nicht medizinische Indikationen dagegensprechen. Möchten Sie nicht in der herkömmlichen Weise entbinden und entscheiden sich für eine moderne Geburtsmethode, sollten Sie diese Entscheidung möglichst frühzeitig und selbstverständlich in Absprache mit Ihrem Arzt treffen, damit Sie und Ihr Partner oder eine andere Vertrauensperson sich auch während Ihrer Schwangerschaft auf Ihre gewählte Entbindungsart intensiv vorbereiten können.

Die natürliche Geburt

Unter einer natürlichen Geburt verstehen wir eine Entbindung *ohne* Medikamente und *ohne* medizinische Eingriffe. Mutter und Kind wird Zeit gelassen für ihren ganz individuellen Geburtsablauf. Zahlreiche Frauen entscheiden sich für solch eine natürliche Geburt, weil sie Ihr Kind bewußt auf die Welt bringen möchten. Aus diesem Grunde üben sie schon während der Schwangerschaft intensiv die Techniken ein, die sie bei der Entbindung zur aktiven Geburtsarbeit einsetzen müssen. Dabei haben sie gelernt, den Wehenschmerz als Signal dafür zu werten, daß ihr Kind bereit ist, auf die Welt zu kommen. Sie haben gelernt, mit diesen »gesunden« Schmerzen umzugehen und deren Kräfte zu nutzen. So ist es ihnen dann möglich, ihr körperlich-psychisches Kräftepotential optimal auszuschöpfen und durch seinen Einsatz den Geburtsverlauf weitestgehend selbst zu bestimmen. Die natürliche Geburt verzichtet zwar möglichst auf eine medikamentöse, apparative und operative Unterstützung, doch kann medizinische Hilfe im Einzelfall erforderlich werden, wenn beispielsweise trotz einer normal verlaufenen Schwangerschaft unvorhergesehene Komplikationen auftreten sollten. Die natürliche Geburt findet vor allem deswegen eine so hohe Akzeptanz, weil sie den Frauen von Anfang an jede Bewegungsfreiheit und die Entscheidung überläßt, welche **Gebärposition** sie einnehmen möchten.
Ob im Hocken, Sitzen, Knien oder Stehen, alle diese Gebärpositionen, die Sie während Ihrer Zeit der Geburtsvorbereitung kennenlernen und mit Ihrem Partner ausprobieren sollten, sind, vom physikalischen Gesichtspunkt aus betrachtet, wesentlich günstiger als die

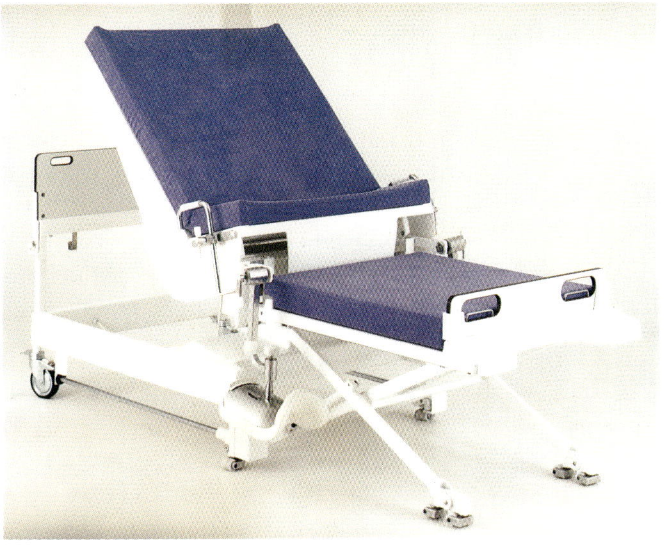

übliche Geburtsstellung – die Rükkenlage. Der gekrümmte Geburtskanal ist in der Rückenlage nach oben gerichtet, und statt nach unten zu schieben muß Ihr Kind eine Kurve nach oben – gegen die Schwerkraft – überwinden. Halten Sie sich aufrecht, und das Gewicht des Ungeborenen hilft bei der Geburt mit.
Vielleicht entscheiden Sie sich aber auch für den Gebärstuhl. Der Gebärstuhl gibt Ihnen während der Geburt im Rücken Halt, trägt ebenfalls dem Gesetz der Schwerkraft Rechnung und läßt Ihnen die nötige Bewegungsfreiheit. Man sagt beispielsweise, daß auf dem Gebärstuhl die meisten Kinder statt nach fünf Preßwehen bereits nach zwei Preßwehen geboren werden. Ebenso ideal ist die Hockstellung, bei der sich die Schwangere während der Geburtsarbeit an ihrem Partner oder vielleicht auch an einem von der Decke herabhängenden Seil festhält.

Ein modernes Geburtsbett läßt Ihnen viel Bewegungsfreiheit

Frédéric Leboyer

Die sanfte Geburt

Die Bezeichnung »sanfte Geburt«, mit der die Geburtsmethode des französischen Arztes *Frédéric Leboyer* gemeint ist, ist im Grunde genommen widersprüchlich und gibt daher zu vielen Mißverständnissen und falschen Vorstellungen Anlaß. Jede Geburt ist körperliche Schwerstarbeit und mit Schmerzen verbunden. Doch geht es bei dieser Methode gar nicht so sehr um die Anwendung von Geburtstechniken, sondern vielmehr um die Art und Weise, wie das Kind zur Welt kommt. Nach der Vorstellung Leboyers werden bei den herkömmlichen Entbindungsmethoden die Kinder mit einem Schock geboren, indem sie aus ihrer wohligen Geborgenheit im Mutterleib abrupt in eine kalte, fremde Welt hinein befördert werden. Dieser erste »Lebensschock« soll bei der sanften Geburt den Kindern erspart bleiben. So soll die Entbindung nicht in der sterilen Atmosphäre eines OP-Saales stattfinden, sondern es wird für eine angenehme warme Umgebung mit gedämpftem Licht gesorgt, um das Kind schonend und behaglich in unsere Welt hinübergleiten zu lassen. Damit der Kontakt zur Mutter nicht plötzlich und unvermittelt abgebrochen wird, legt die Hebamme ihr das Kind gleich nach der Entbindung auf den Bauch, wo es in vertrauter Weise die mütterlichen Herztöne hören und als erstes an der Brust saugen kann. Erst später, wenn die Nabelschnur auspulsiert hat, wird das Kind abgenabelt und sanft massiert. Das anschließende Bad im warmen Wasser dient erst

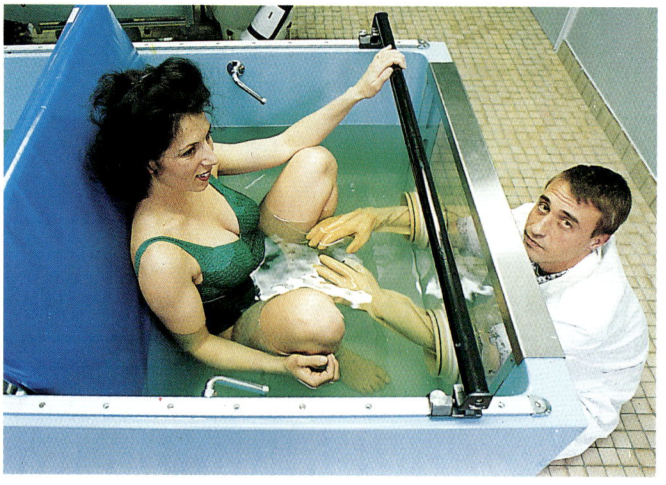

in zweiter Linie der Reinigung des Kindes. In erster Linie soll dem Kind eine vertraute »fruchtwasserähnliche Atmosphäre« angeboten werden.
Die sanfteste Methode soll die Geburt unter Wasser sein, doch wird sie in Fachkreisen mit den verschiedensten Argumenten heftig umstritten. Voraussetzung für eine Wassergeburt sind die entsprechende Einrichtung, das Wasser muß über Stunden warmgehalten werden können, und speziell dafür geschultes Personal.

Für Schwangere, die ihr Kind unter Wasser zu Welt bringen wollen, hat der französische Arzt Thierry Richard eine Gebärwanne entwickelt

Die schmerzfreie Geburt

Es gibt immer wieder Geburtssituationen, in denen schmerzlindernde Maßnahmen geboten erscheinen. Denn Schmerzen werden unterschiedlich empfunden und verarbeitet. Je nach persönlicher Konstitution und Erfahrung im Umgang mit Schmerzen kann es dazu kommen, daß – oftmals gefördert durch Ängste – die Toleranzgrenze der Schmerzempfindung während der Geburtsphasen erreicht oder gar überschritten wird. Schmerzbedingte Verkrampfungen können die Sauerstoffversorgung des Kindes jedoch so stark beeinträchtigen, daß sie zu einer ernsten Gefahr für das Ungeborene werden. In diesen Fällen wird der Arzt eine örtliche Betäubung anbieten bzw. vornehmen. Die häufigste Methode ist die für Mutter und Kind recht risikoarme *Pudendusblockade.* Dabei wird in der letzten Phase der Geburt ein Lokalanaesthetikum durch die Vaginalwand in unmittelbarer Nähe des »Nervus pudendus« gespritzt, wodurch das untere Drittel der Scheide, die Vulva und der Dammbereich schmerzunempfindlich werden.
Eine weitere Methode ist die *Peridualanaesthesie,* die von manchen Frauen sogar mit dem Arzt vor der Entbindung für einen schmerzfreien Geburtsverlauf fest vereinbart wird. Zwischen dem 2. und 3. Lendenwirbel wird, meist per Dauerkatheder – so kann bei Bedarf nachgespritzt werden – ein Lokalanaesthetikum injiziert, worauf durch die Ausbreitung des Medikaments das Schmerzempfinden von der Taille abwärts ausgeschaltet wird.

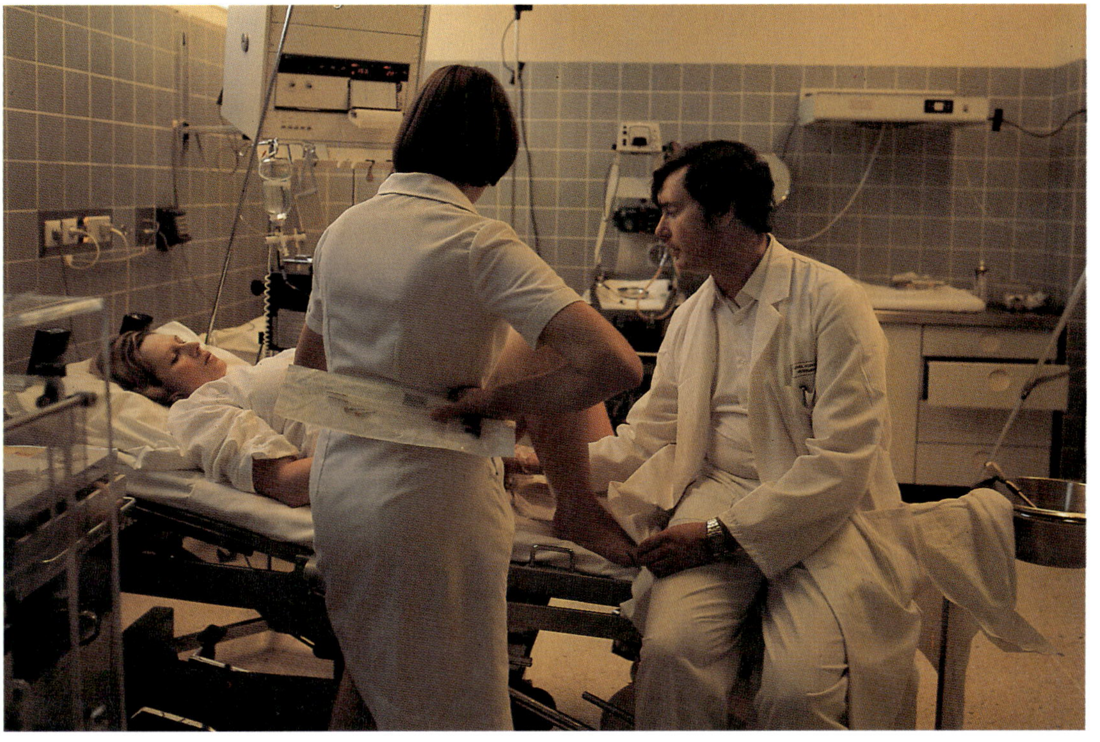

Doch bedenken Sie bitte, haben Sie es bis zu den letzten Eröffnungswehen ohne Medikamente geschafft, dann schaffen Sie auch den Rest der Geburt. Jedes Medikament, ganz gleich wie hoch- oder wie leichtdosiert, gelangt in den Kreislauf Ihres Kindes und stellt dadurch eine zusätzliche Belastung dar.

Die programmierte Geburt

Wie die Bezeichnung schon sehr deutlich zum Ausdruck bringt, handelt es sich bei der programmierten Geburt um ein Verfahren, bei dem durch Medikamente die Wehen künstlich eingeleitet werden und die Geburt zu einem bestimmten (programmierten) Zeitpunkt erfolgen soll. Da aber diese Methode nicht ganz frei von Komplikationen ist, war sie in der Ärzteschaft mitunter sehr umstritten.
Sie wird heute nur noch in ganz besonderen und medizinisch begründeten Fällen angewandt, so z. B. wenn

- der Geburtstermin länger als 14 Tage überschritten ist,
- die Fruchtblase bereits gesprungen ist und die Wehen aber noch nicht eingesetzt haben oder
- Lebensgefahr für Mutter und/oder das Ungeborene besteht.

Die Geburt wird dann durch eine Tropfinfusion, in der sich das wehenauslösende Medikament (Oxytocin) befindet, eingeleitet.

Die Möglichkeit, den Zeitpunkt der Geburt zu bestimmen, schien lange Zeit bestechend. Heute wird jedoch meist nur noch bei besonderen Fällen die Geburt künstlich eingeleitet

Der Kaiserschnitt

Die Zahl der Entbindungen durch Kaiserschnitt (Sectio caesarea) hat in den letzten vier Jahrzehnten stark zugenommen. Wurde dieser Eingriff früher nur bei Notsituationen im Kreißsaal durchgeführt, erblickt heute immerhin jedes sechste Kind planmäßig durch eine operative Geburt (Kaiserschnitt) das Licht der Welt. Die Gründe hierfür liegen vor allem im medizinischen Fortschritt. Ultraschallüberwachung und Herztonaufzeichnungen des Kindes sowie Labortests lassen bereits während der Schwangerschaft mögliche Geburtsrisiken erkennen und legen unter Umständen somit schon sehr frühzeitig die Geburtsmethode durch eine Schnittentbindung fest.

So ist eine Entbindung durch Kaiserschnitt beispielsweise erforderlich bei

- zu engem Becken der Mutter,
- vorzeitiger Plazentaablösung oder Verlagerung der Plazenta vor den inneren Muttermund (placenta praevia),
- Schwangerschaftsvergiftung oder bei Zuckerkrankheit der Mutter,
- Steiß- oder Querlage des Kindes,
- Frühgeburt und Schwäche des Kindes sowie
- bei akuter Lebensgefahr von Mutter und Kind.

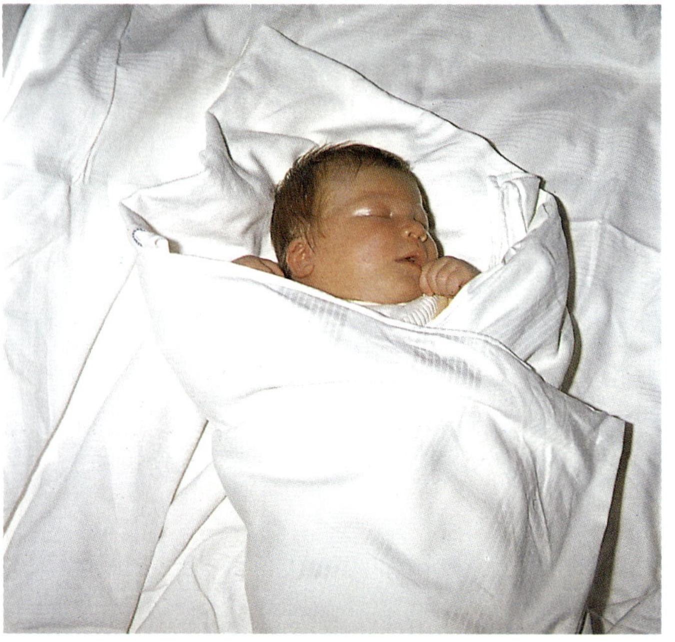

Manchmal dauern die Wehen so lange, daß es für Mutter und Kind besser ist, die Geburt durch Kaiserschnitt zu beenden

Bei der operativen Entbindung, die entweder in Vollnarkose oder unter Peridualanaesthesie durchgeführt wird, werden zwei Schnittechniken angewandt: Die häufigste ist der Pfannenstiel-Querschnitt, eine horizontal und zwei bis drei fingerbreit oberhalb der Schamhaargrenze verlaufende Schnittführung. Sie hat den kosmetischen Vorteil, daß die Narbe später kaum noch sichtbar ist. Bei der anderen Technik handelt es sich um die sogenannte Linea-alba-Schnittführung, die in vertikaler Richtung vom Bauchnabel bis zur oberen Schamhaargrenze reicht; sie wird bei akuten Notfällen angewandt.

Wohin zur Geburt?

Im Grunde kann heutzutage jede Frau selbst entscheiden, wo und wie sie ihr Kind zur Welt bringen möchte. Sofern nicht medizinische Indikationen dagegensprechen, können Sie sich für eine von drei Möglichkeiten entscheiden.

- die Klinikentbindung mit Wochenbettzeit im Krankenhaus,
- die ambulante Entbindung in der Klinik bzw. im Geburtshaus oder
- die Entbindung zu Hause.

Die Klinikentbindung

Der auf Mutter und Kind ausgerichtete hohe Sicherheitsstandard moderner Kliniken ist wohl der ausschlaggebende Grund, warum die meisten Frauen dort entbinden. Hochqualifiziertes Personal, erfahren im Umgang mit dem gesamten Spektrum der apparativen Geburtsmedizin, vertraut mit den aktuellen Geburtsmethoden und geschult in der psychologischen Betreuung der werdenden Eltern sowie die Möglichkeit der Intensivversorgung von Mutter und Kind versprechen einen optimalen Verlauf der Entbindung. Die durchschnittliche Verweildauer beträgt etwa eine Woche, sofern keine Komplikationen auftreten. Während dieser Zeit haben Sie die Möglichkeit, sich in aller Ruhe mit Ihrem Kind zu beschäftigen und sich unter fachkundiger Anleitung erfahrener Schwestern in der Säuglingspflege helfen zu lassen.

»Rooming-in«: Mutter und Kind in einem Raum

Spätestens ab dem 7. bzw. 8. Monat sollten Sie Ihren Klinikkoffer packen, damit Sie jederzeit gut vorbereitet sind. Auch wenn Sie eine ambulante Geburt oder eine Hausgeburt planen, sollten Sie alles Nötige griffbereit haben. Es kann immer etwas Unvorhergesehenes dazwischenkommen, oder ein Baby hat es besonders eilig, auf die Welt zu kommen.

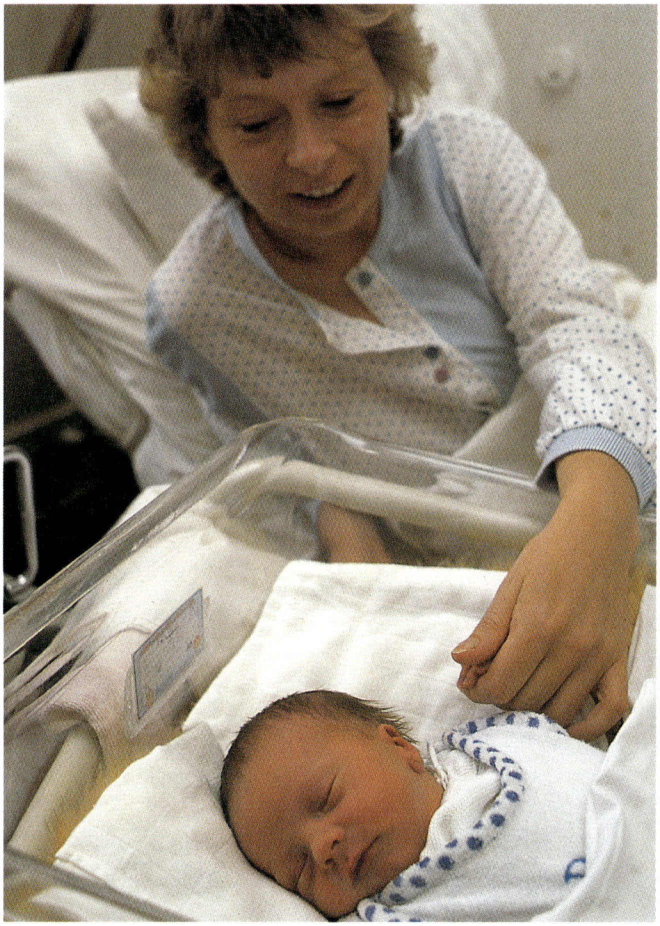

Inhalt des Klinikkoffers

Für die Geburt brauchen Sie:
kochfeste Nachtwäsche
warme Strümpfe (viele Frauen leiden während der Geburt nämlich unter kalten Füßen)
Waschlappen und Erfrischungstücher
angenehm duftendes Massageöl
Traubenzucker und Honig als Stärkung während der Geburt
gefrorene Saftwürfel zum Lutschen (am besten in einer Thermosflasche mitbringen)

Für den Aufenthalt in der Klinik brauchen Sie:
4 Nachthemden, vorne zu öffnen wegen des Stillens
10 kochfeste Slips oder Einmalslips
1 Morgenmantel
2 Stillbüstenhalter
1 Paar Hausschuhe
Toilettenbeutel mit: Zahnbürste, Zahnpasta, Seife, Deodorant, Gesichts- und Handcreme, Körperlotion, Make-up, Duschbad, Shampoo, Kamm, Bürste, Spiegel, Nagelfeile, Fön, Zellstofftücher
3 Handtücher
3 Waschlappen
1 Gästehandtuch
1 Packung dicke Monatsbinden
Kleidung für die Heimfahrt (da Sie noch nicht wieder Ihre »alte« Figur haben, sollten Sie Sachen auswählen, die Sie im 5. Monat getragen haben). Das Baby braucht in der Klinik noch keine eigene Kleidung, sie wird dort gestellt.

Für die Heimfahrt des Babys brauchen Sie:
1 Hemdchen (Größe 62)
1 Jäckchen (Größe 62)
1 Strampelhöschen (Größe 56)
2 Höschenwindeln für neugeborene Babys
1 Frotteehöschen
1 Wolljäckchen mit Mütze
1 Tragetasche mit Bettzeug oder
1 Federkissen mit Wolldecke

An Papieren müssen Sie unbedingt einstecken:
Personalausweis
Familienstammbuch oder Geburtsurkunde (bei Unverheirateten)
Mutterpaß
Einweisungsschein des behandelnden Arztes
Krankenhausausweis oder Kostenübernahmeschein Ihrer privaten Krankenversicherung

Auch daran sollten Sie denken:
Lesestoff
Radio oder Kassettenrekorder mit Kopfhörern und bespielten Musikkassetten
Kleingeld zum Telefonieren
Briefpapier, Adreßbuch, Briefmarken, Kugelschreiber
dienstliche Telefonnummer von Ihrem Partner
eventuell Handarbeitszeug

Ab dem 7. bzw. 8. Monat sollten Sie alles Nötige für die Geburt griffbereit haben

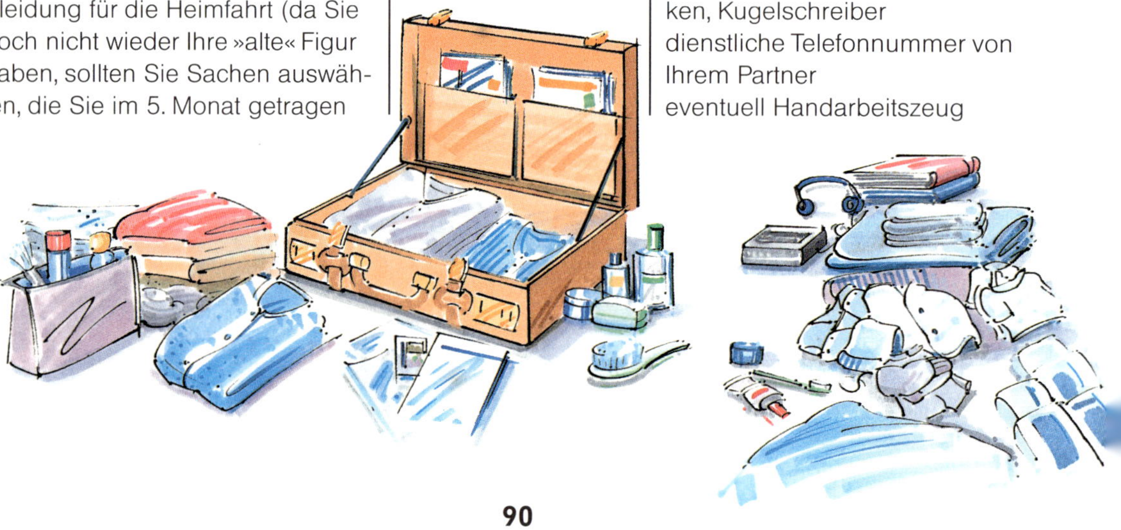

Die ambulante Entbindung

Wenn Sie nicht auf die Sicherheit einer medizinisch überwachten Geburt verzichten wollen, trotzdem aber auch die vertraute Geborgenheit Ihrer gewohnten häuslichen Umgebung nicht missen möchten, dann ist die ambulante Geburt ein guter Kompromiß. Sie bringen Ihr Kind in der Klinik oder in einer eigens dafür eingerichteten Arztpraxis zur Welt und können, sofern keine Komplikationen auftreten, bereits innerhalb von 24 Stunden nach der Entbindung nach Hause gehen, wo Sie dann während des Wochenbetts von einer freiberuflichen Hebamme betreut werden. Die Hebamme kommt mindestens einmal am Tag und überprüft den Gesundheitszustand von Mutter und Kind. Gute Hebammen sind rar, deshalb sollten Sie sich rechtzeitig um eine Hebamme bemühen, die zu Ihrem Termin die häusliche Wochenbett-Betreuung übernehmen kann. Die Adressen freier Hebammen erhalten Sie über die Gesundheitsämter und die Landeshebammenverbände.

Die Entbindung zu Hause

Geburtsprogrammierung und die Unpersönlichkeit steril eingerichteter Kreißsäle ließen in den letzten Jahren die Nachfrage nach der Alternative »Hausgeburt« wieder erstarken. Ihr Baby in der vertrauten Umgebung, im Kreise der Familie zu bekommen, ist ein nur allzu verständlicher Wunsch vieler Frauen. Doch nur Frauen ohne vorhersehbare Geburtsrisiken sowie Frauen mit genügendem Selbstvertrauen in ihre körperlichen und seelischen Kräfte sollten sich für eine Geburt in den eigenen vier Wänden entscheiden. Planen Sie eine Hausgeburt, dann besprechen Sie Ihr Vorhaben schon möglichst früh mit Ihrem Arzt. So sollten Sie und Ihr Partner sich auch rechtzeitig um eine »Hausgeburts-Hebamme« bemühen, die in engster Zusammenarbeit mit Ihrem Gynäkologen die häusliche Entbindung leiten kann und anschließend auch die Betreuung von Mutter und Kind übernimmt. Übrigens: Hebammen können auch die Vorsorgeuntersuchungen machen. Außerdem sollte sicher sein, daß der geburtshelfende Arzt zum Zeitpunkt der Niederkunft für eventuelle Zwischenfälle abrufbereit ist. Ebenso sollten Sie sicherheitshalber Kontakt mit der nächsten Klinik aufnehmen, damit, im Falle von Komplikationen, die Hausgeburt in der Klinik ohne Zeitverlust fortgesetzt werden kann. Verzichten sollten Sie auf eine Hausgeburt, wenn die nächste Klinik mehr als 30 Autominuten entfernt ist.

Bei ambulanter Entbindung werden die Hebamme und eine eventuell notwendige Haushaltshilfe von der Krankenkasse bezahlt

Telefonbuch
Klaus Haak
TELE-Rücken Schule
Wohlbefinden durch bewußte Körpererfahrung
Mit Audiokassette
FALKEN

Anhang

Gesetzliche Mutterschutzbestimmungen

Nach Artikel 6 des Grundgesetzes hat jede Mutter Anspruch auf den Schutz und die Fürsorge der Gemeinschaft. Hierauf beruht die Fülle aller gesetzlichen Bestimmungen für die werdende Mutter. So gewährt das Mutterschutzgesetz allen in einem Arbeitsverhältnis stehenden Müttern, gleichgültig ob sie verheiratet oder ledig sind, arbeitsrechtlichen Schutz und besondere Sozialleistungen. Ausgenommen hiervon sind jedoch Beamtinnen, da sie im rechtlichen Sinne keine »Arbeitnehmerinnen« sind. Für sie gelten aber analoge Schutzvorschriften im Beamtenrecht.

Damit die Schwangere auch ihre Sonderrechte voll in Anspruch nehmen kann, liegt es in ihrem eigenen Interesse, den Arbeitgeber unverzüglich von ihrer Schwangerschaft, und zwar am besten durch Vorlage eines ärztlichen Attests, in Kenntnis zu setzen. Der Arbeitgeber ist dann gehalten, die werdende Mutter von allen Tätigkeiten freizustellen, die eine Gefahr für das Leben und die Gesundheit von Mutter und Kind bedeuten können. Insbesondere sind solche Tätigkeiten unzulässig, die

- mit Heben und Tragen schwerer Lasten verbunden sind,
- eine erhöhte Unfallgefahr darstellen,
- das Risiko einer Berufskrankheit mit sich bringen,
- die schwangere Arbeitnehmerin schädlichen Imissionen (z. B. Staub, Gase, Dämpfe, Hitze, Kälte, Nässe, Erschütterungen, Lärm usw.) aussetzt,
- im Akkord und als Fließbandarbeit verrichtet werden oder
- im Rahmen von Überstunden, Nachtarbeit (zwischen 20 Uhr und 6 Uhr) oder Sonn- und Feiertagsarbeit zu leisten sind.

Informieren Sie Ihren Arbeitgeber sobald als möglich über Ihre Schwangerschaft – nur dann kann er auch die gesetzlichen Schutzvorschriften erfüllen

Allerdings gibt es in einigen Berufssparten verschiedene Ausnahmeregelungen, so etwa im Gaststättengewerbe oder in der Landwirtschaft. Im übrigen hat der Arbeitgeber für eine entsprechende Pausenregelung mit Erholungsmöglichkeit für die werdende Mutter zu sorgen.

Ganz wichtig: Für alle Schwangerschafts-Vorsorgeuntersuchungen ist unter Lohnfortzahlung Arbeitsbefreiung zu gewähren.

Da vor allem aber die Arbeitnehmerin während der Schwangerschaft vor den wirtschaftlichen Nachteilen infolge des Verlusts ihres Arbeitsplatzes geschützt werden soll, darf ihr in dieser Zeit bis zum Ablauf von 4 Monaten nach der Entbindung nicht gekündigt werden. Dieser Kündigungsschutz besteht auch dann, wenn der Arbeitgeber von ihrer Schwangerschaft keine Kenntnis hat. In einem solchen Fall muß die Arbeitnehmerin lediglich den Arbeitgeber innerhalb von 2 Wochen nach Zugang der Kündigung vom Bestehen ihrer Schwangerschaft in Kenntnis setzen. Die Kündigungsschutzfrist bleibt auch dann gewahrt, wenn die Arbeitnehmerin mitteilt, daß eine Schwangerschaft wahrschein-

lich ist oder vermutet werde. Allerdings kann dann der Arbeitgeber den unverzüglichen Schwangerschaftsnachweis durch Vorlage eines entsprechenden ärztlichen Attests oder Zeugnisses einer Hebamme verlangen.
Ebenso unzulässig und damit unwirksam ist eine während der Schwangerschaft ausgesprochene Kündigung, die sich erst auf einen Zeitpunkt nach dem Ablauf der Schutzfrist, also 4 Monate nach der Entbindung, bezieht oder von da ab gerechnet erst in Lauf gesetzt wird. Weitere Einzelheiten, die in ganz bestimmten Fällen von Bedeutung sein können, regelt das Mutterschutzgesetz, das der Arbeitgeber in seinem vollständigen Wortlaut im Betrieb für jedermann einsehbar auszulegen hat. Im übrigen stehen die Personalvertretung (Betriebsrat bzw. Personalrat), die Gewerkschaft oder sogar die zuständige Gewerbeaufsicht der schwangeren Frau mit Rat und Tat zur Verfügung.

Schutzfrist

Der Arbeitgeber darf die werdende Mutter mit Beginn der 6. Woche vor dem voraussichtlichen Geburtstermin nicht mehr beschäftigen, es sei denn, daß sie es ausdrücklich wünscht. In diesem Falle kann die werdende Mutter jedoch jederzeit ihre Arbeitsleistung einstellen. Ein absolutes Beschäftigungsverbot besteht hingegen in den ersten 8 Wochen – bei Früh- und Mehrlingsgeburten sind es 12 Wochen – nach der Entbindung. Für die Berechnung der sogenannten »Sechswochenfrist« vor der Entbindung ist der vom Arzt oder der Hebamme errechnete voraussichtliche Geburtstermin maßgeblich. Hat sich jedoch der Arzt oder die Hebamme über den Zeitpunkt der Niederkunft geirrt, so verkürzt bzw. verlängert sich diese Frist selbstverständlich entsprechend.

Die Schutzfrist für werdende Mütter beginnt ab der 6. Woche vor dem errechneten Geburtstermin

Mutterschaftsgeld

Damit werdende Mütter während der Schutzfristen vor und nach der Entbindung keine finanziellen Einbußen erleiden, haben sie für diese Zeit Anspruch auf Mutterschaftsgeld.
Anspruchsvoraussetzung ist, daß die Arbeitnehmerin zwischen dem 10. und 4. Monat vor der Entbindung für mindestens 12 Wochen in einer **gesetzlichen Krankenkasse** versichert war oder in einem Arbeitsverhältnis stand. Die Höhe des Mutterschaftsgeldes hängt vom monatlichen Nettoarbeitsverdienst ab. Daher ist eine Bescheinigung des Arbeitgebers über die Höhe des durchschnittlichen Nettoeinkommens der letzten 3 Monate vor dem Beginn der Schutzfrist erforderlich, wonach die Krankenkasse das von ihr zu zahlende Mutterschaftsgeld berechnet. Es beträgt höchstens DM 25 je Kalendertag. Liegt der Nettoverdienst über DM 25 je Kalendertag, so zahlt der Arbeitgeber die Differenz bis zum Nettogehalt als Zuschuß. Außerdem muß die werdende Mutter bei Antragstellung ihrer Krankenkasse noch eine ärztliche Bescheinigung über den voraussichtlichen Entbindungstermin vorlegen, die nicht früher als 7 Wochen vor dem errechneten Geburtstermin ausgestellt werden darf.
Befindet sich die schwangere Frau zu Beginn der Schutzfrist in keinem Arbeitsverhältnis, ist aber bei einer Pflicht- oder Ersatzkasse mit Anspruch auf Krankengeld versichert (z. B. Selbständige), dann erhält sie Mutterschaftsgeld in Höhe des Krankengelds.

Arbeitslose Frauen, die bei Beginn der Schutzfrist und vor der Entbindung Anspruch auf Arbeitslosengeld, Arbeitslosenhilfe oder Unterhaltsgeld nach dem Arbeitsförderungsgesetz haben, erhalten Mutterschaftsgeld in Höhe der bisherigen Bezüge.

Privat krankenversicherte Arbeitnehmerinnen erhalten ein einmaliges Mutterschaftsgeld in Höhe von DM 400, das beim *Bundesversicherungsamt, Mutterschaftsgeldstelle, Reichpietschufer 72–76, 10785 Berlin, Telefon (0 30) 2 69 92 11, 2 69 92 04 oder 26 99 - 1,* beantragt werden muß und auch von dort gezahlt wird. Die Antragsformulare erhalten Sie bei Ihrer Krankenkasse oder bei den AOKs.

Über Einzelheiten des Mutterschaftsgeldes informiert Sie Ihre Krankenkasse. Dort erhalten Sie auch die notwendigen Formulare

Als Arbeitgeberzuschuß wird auch hier der Differenzbetrag zwischen DM 25 und dem durchschnittlichen Arbeitsentgelt pro Kalendertag gezahlt.
Aber auch die nicht berufstätigen Mütter, die im Rahmen der Familienhilfe krankenversichert sind, gehen nicht ganz leer aus: Sie erhalten von der Krankenkasse ein einmaliges Entbindungsgeld von DM 150.
Für Mütter, die nicht versichert und mittellos sind, werden die Kosten während der Schwangerschaft und der Geburt von der Sozialhilfe übernommen.

Die alleinstehende Mutter

Die Zeiten, in der die alleinstehende Mutter eine gesellschaftliche Außenseiterrolle einnahm, sind Gott sei Dank vorbei. Dennoch kommt trotz aller Modernität unseres Sozialstaates eine erhebliche Doppelbelastung auf die Single-Mutter zu: Einerseits muß sie sich um den Lebensunterhalt selbst kümmern, und andererseits ist sie zugleich auch alleine für die Kindererziehung verantwortlich. So sollte sich die Single-Mutter schon frühzeitig über ihre Rechte und die finanziellen Hilfen informieren.
Wie bereits erwähnt, genießt die alleinstehende Mutter den gleichen Schutz und die gleiche Fürsorge wie jede andere Mutter auch. Darüber hinaus gibt es aber noch eine Reihe von Einrichtungen, die speziell der alleinerziehenden Mutter beratend und helfend zur Seite stehen. Die Bundesstiftung »Mutter und Kind« gewährt auf Antrag Zuschüsse, wenn sich die werdende Mutter in einer besonderen finanziellen Notlage befindet. Allerdings besteht hierauf keinerlei Rechtsanspruch. Vielmehr wird hier die Beurteilung des Einzelfalls für die Zahlung überhaupt und die Höhe des Betrages maßgeblich sein. Über die Anträge auf Gewährung von finanziellen Hilfen entscheiden folgende Stiftungen:

Neue Bundesländer
Da die Zuständigkeiten noch nicht festgelegt sind, bitte die betreffenden Anschriften erfragen bei der *Außenstelle des Bundesministeriums für Familie und Senioren, Postfach 11 02 43, 10832 Berlin.*

Scheuen Sie sich nicht, als Alleinerziehende neben finanzieller auch psychologische Hilfe einzuholen. Sie wird von vielen Familienberatungsstellen meist sogar kostenlos angeboten

Zahlt der Vater des Kindes keinen, zu geringen oder nur unregelmäßigen Unterhalt, so kann die alleinstehende Mutter bei Kindern bis zu 6 Jahren beim Jugendamt oder Sozialamt (die Zuständigkeit ist länderweise unterschiedlich geregelt!) einen Antrag auf *Unterhaltsvorschuß* stellen. Der Staat leistet dann die Unterhaltszahlungen an Stelle des hierzu verpflichteten Vaters in Höhe der Beträge nach der Regelunterhaltsverordnung für die Dauer von längstens 36 Monaten. Anspruchsberechtigt ist jede alleinerziehende Mutter, und zwar unabhängig von ihrem Personenstand (ledig, geschieden, verwitwet). Ebenfalls ohne Belang ist das Einkommen oder das Vermögen der Alleinstehenden. In diesem Falle muß sich die Antragstellerin jedoch zur Durchsetzung des Unterhaltsanspruchs gegen den Vater verpflichten. Daraus ergibt sich für die *nichteheliche* Mutter die Pflicht zur Namensnennung des *nichtehelichen* Vaters.

Alte Bundesländer

Baden-Württemberg:	»Familie in Not«
Bayern:	»Hilfe für Mutter und Kind«
Berlin:	»Hilfe für die Familie«
Bremen:	Caritas-Verband
Hamburg:	Caritas-Verband
Hessen:	Das Diakonische Werk
Niedersachsen:	»Familie in Not«
Nordrhein-Westfalen:	Caritas-Verband für die Diözese Münster
Rheinland-Pfalz:	»Familie in Not«
Saarland:	Caritas-Verband Saarbrücken und Umgebung e.V.
Schleswig-Holstein:	»Familie in Not«

Finanzielle Hilfen

Kindergeld

Das Kindergeld sollte gleich nach der Geburt bei der Kindergeldkasse des zuständigen Arbeitsamtes, bei Angehörigen des öffentlichen Dienstes beim Dienstherrn, beantragt werden. Es beträgt zur Zeit monatlich für das 1. Kind DM 70, für das 2. Kind DM 130, für das 3. Kind DM 220, für das 4. und jedes weitere Kind DM 240 und wird bis zu 6 Monate rückwirkend gezahlt. Ab dem 2. Kind hängt die Höhe des Kindergeldes allerdings von der Anzahl der Kinder in der Familie und dem Jahresnettoeinkommen der Eltern ab. So wird einkommensabhängig das Kindergeld stufenweise gekürzt bis auf die Sockelbeträge von DM 70 für das 2. Kind und DM 140 für jedes weitere Kind.

Kindergeld muß beim zuständigen Arbeitsamt beantragt werden

Kinderfreibetrag

Da Kinder sich steuermindernd auf das Einkommen ihrer Eltern auswirken, sollte auch gleich nach der Geburt des Kindes beim zuständigen Finanzamt unter Vorlage der Steuerkarten ein Kinderfreibetrag beantragt werden. Dieser steht jedem Elternteil zur Hälfte zu. Das Finanzamt vermerkt dies auf der Lohnsteuerkarte mit dem Zähler 0,5. Sind die Eltern miteinander verheiratet und leben nicht dauernd getrennt voneinander, so steht ihnen der volle Kinderfreibetrag zu, was mit dem Zähler 1,0 auf der Lohnsteuerkarte eingetragen wird. In der Lohnsteuertabelle sind die Kinderfreibeträge entsprechend eingearbeitet, so daß sie bei der Lohnsteuerberechnung durch den Arbeitgeber automatisch berücksichtigt werden.
Die alleinstehende Mutter erhält den vollen Kinderfreibetrag dann, wenn der Vater unbekannt ist, seine Unterhaltszahlungen nicht leistet oder der Übertragung seines hälftigen Kinderfreibetrags auf die Mutter zustimmt.

Kindergeldzuschlag

Ist das zu versteuernde Jahreseinkommen so gering, daß der zustehende Kinderfreibetrag nicht voll genutzt werden kann, so begründet dies einen Anspruch auf Gewährung eines Kindergeldzuschlags, der beim Arbeitsamt, bei Angehörigen des öffentlichen Dienstes beim Dienstherrn, zu beantragen ist. Die Höhe beträgt bis zu DM 65 monatlich und richtet sich nach dem Einkommen des betreffenden Kalenderjahres. Über den Antrag auf Zahlung von Kindergeldzuschlag kann also immer erst nach Ablauf des Kalenderjahres entschieden werden, wenn das Jahreseinkommen feststeht. Aus diesem Grunde muß dem Antrag immer auch der Steuerbescheid für das bereits abgelaufene Kalenderjahr beigefügt werden.

Erziehungsgeld

Das Erziehungsgeld in Höhe von DM 600 monatlich wird für die ersten 6 Monate nach der Geburt auf Antrag an den Elternteil gezahlt, der das Kind betreut, und zwar unabhängig vom Einkommen. Allerdings wird hierauf das Mutterschaftsgeld angerechnet, das die gesetzlichen Krankenkassen während der Schutzfrist nach der Entbindung zahlen. Das aber bedeutet, daß die Zahlung des Erziehungsgeldes erst von der 9. Woche bzw. bei Mehrlingsgeburten von der 13. Woche an erfolgt. Bei privatversicherten Müttern wird die einmalige Zahlung des Mutterschaftsgeldes im Betrag von DM 400 nicht auf das Erziehungsgeld angerechnet. Vom 7. Lebensmonat des Kindes an wird das Erziehungsgeld bis längstens zum vollendeten 24. Lebensmonat einkommensabhängig weitergewährt, d. h., es wird bei Überschreitung bestimmter Einkommensgrenzen stufenweise gekürzt. Über Einzelheiten geben die zuständigen Ämter Auskunft. Bei Mehrlingsgeburten wird Erziehungsgeld für

jedes Kind gezahlt. Anspruchsberechtigt sind auch Auszubildende, Schülerinnen und Studentinnen, ohne daß sie ihre Ausbildung unterbrechen müssen. Während des Bezugs von Erziehungsgeld darf der kinderbetreuende Elternteil nur eine Teilzeitbeschäftigung von maximal 19 Wochenstunden beim bisherigen Arbeitgeber ausüben. Arbeitslose können Erziehungsgeld erhalten, sofern ihnen kein Arbeitslosengeld gewährt wird. Das Erziehungsgeld ist steuerfrei. Wer vor der Entbindung in der gesetzlichen Krankenkasse versichert war, bleibt während des Bezugs von Erziehungsgeld beitragsfrei versichert. Mitglieder in einer privaten Krankenversicherung müssen jedoch (siehe Versicherungsbedingungen) ihren Beitrag weiterzahlen, einschließlich des Arbeitgeberzuschusses zum Krankenversicherungsbeitrag.
Da das Erziehungsgeld ebenfalls nur bis längstens 6 Monate rückwirkend gezahlt wird, sollte es möglichst frühzeitig beantragt werden. Hierfür sind allerdings recht unterschiedliche Ämter in den einzelnen Bundesländern (siehe Tabelle) zuständig:

Baden-Württemberg:	Die Landesbank, Schloßplatz 10–12, 76131 Karlsruhe
Bayern:	Familienkassen bei den Versorgungsämtern
Berlin:	Jugendamt (Bezirksämter)
Brandenburg:	Jugendämter der kreisfreien Städte und Gemeinden
Bremen:	Amt für soziale Dienste in Bremen und Jugendamt in Bremerhaven
Hamburg:	Einwohnermeldeämter (Bezirksämter)
Hessen:	Versorgungsämter
Mecklenburg-Vorpommern:	Familienkassen bei Versorgungsämtern
Niedersachsen:	Die kreisfreien Städte und Landkreise
Nordrhein-Westfalen:	Versorgungsämter
Rheinland-Pfalz:	Jugendämter der kreisfreien Städte und Landkreise
Saarland:	Versorgungsamt Saarland
Sachsen:	Familienkassen der Ämter für Familie und Soziales
Sachsen-Anhalt:	Ämter für Versorgung und Soziales
Thüringen:	Ämter für Soziales und Familie

Erziehungsurlaub

Der Erziehungsurlaub soll dazu beitragen, Kindererziehung und Berufstätigkeit miteinander in Einklang zu bringen. Aus diesem Grunde haben sowohl Väter als auch Mütter Anspruch auf Erziehungsurlaub, und zwar nach unmittelbarem Ablauf der Mutterschutzfrist und bis zu 36 Monaten. Voraussetzung hierfür ist, daß ein Anspruch auf Erziehungsgeld besteht oder das Erziehungsgeld nur deshalb nicht gewährt wird, weil die Einkommensgrenze überschritten ist. Bei Verheirateten ist eine weitere Voraussetzung, daß der Ehepartner erwerbstätig, arbeitslos oder in Ausbildung ist. Der Erziehungsurlaub kann in jedem Arbeitsverhältnis genommen werden, also auch bei befristeten Verträgen und bei geringfügigen Beschäftigungen (Arbeitszeit von weniger als 15 Wochenstunden und einem Bruttomonatseinkommen von maximal DM 560 in West- und DM 440 in Ostdeutschland, Stand Sommer 1994). Befristete Verträge verlängern sich allerdings dadurch nicht. Der Erziehungsurlaub muß spätestens 4 Wochen vor Antritt beim Arbeitgeber unter Angabe der Dauer geltend gemacht werden. Während des Erziehungsurlaubs darf der Arbeitgeber grundsätzlich nicht kündigen. Der Arbeitnehmer selbst kann jedoch zum Ende des Erziehungsurlaubs sein Arbeitsverhältnis kündigen, und zwar unter Einhaltung einer 3monatigen Kündigungsfrist, die dann an die Stelle der vertraglichen bzw. tarifvertraglichen Kündigungsfristen tritt. Während des Erziehungsurlaubs kann eine Teilzeitbeschäftigung von bis zu 19 Wochenstunden ausgeübt werden, allerdings nur beim bisherigen Arbeitgeber. Der Erziehungsurlaub kann auch unter den Berechtigten aufgeteilt werden, indem sich die Partner bis zu dreimal abwechseln. Nach Beendigung des Erziehungsurlaubs wird der Arbeitnehmer in der Regel wieder seinen alten Arbeitsplatz einnehmen können. Sollte dies aber aus betrieblichen Gründen nicht mehr möglich sein, muß eine Umsetzung auf einen gleichwertigen Arbeitsplatz erfolgen. Diese Umsetzung darf aber auf keinen Fall mit einer Schlechterstellung, insbesondere mit einem geringeren Arbeitsentgelt, verbunden sein.

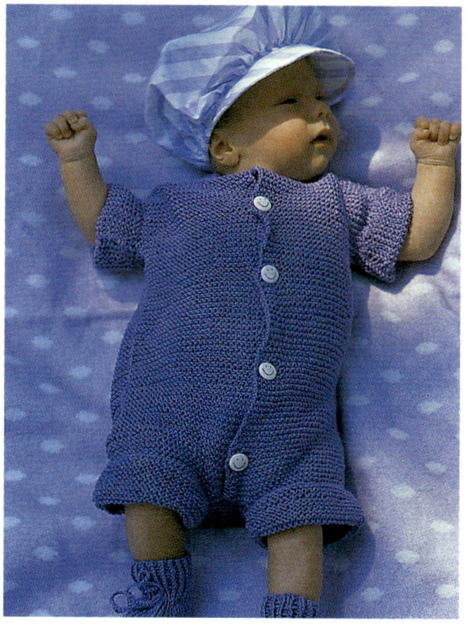

Beim Erziehungsurlaub können sich die Eltern auch einmal abwechseln

Mutterschutzbestimmungen und Fürsorgeregelungen in Österreich

Die Mutterschutzbestimmungen stehen unter dem sozialen Aspekt der Gesundheitserhaltung, der Krankheitsverhütung und der finanziellen Absicherung von Arbeitnehmerinnen während der Schwangerschaft und für die unmittelbare Zeit nach der Entbindung. So werden die besonderen Schutzrechte der werdenden Mütter, die in einem Dienstverhältnis stehen, im Mutterschutzgesetz geregelt. Danach obliegt dem Arbeitgeber eine Informationspflicht gegenüber dem Arbeitsinspektorat über eine ihm gemeldete Schwangerschaft einer Arbeitnehmerin. Das Arbeitsinspektorat wird dann die Einhaltung der Arbeitsbedingungen für die werdende Mutter überprüfen und insbesondere darauf achten, daß die schwangere Arbeitnehmerin von all jenen Tätigkeiten freigestellt wird, die für sie oder das ungeborene Kind schädlich sein können. Tätigkeiten, die ein solches **Arbeitsverbot** begründen, sind vor allem

- Heben und Tragen schwerer Lasten;
- Arbeiten, die überwiegend im Stehen zu verrichten sind;
- Arbeiten unter Aussetzung schädlicher Immissionen (z. B. Strahlen, Staub, Gase, Dämpfe, Hitze, Kälte, Nässe);
- Arbeiten, die das Risiko einer Berufskrankheit mit sich bringen;
- Arbeiten unter Zeit- und Leistungsdruck (Akkord, Fließband; verboten ab der 20. Schwangerschaftswoche);
- Arbeiten auf Beförderungsmitteln;
- Arbeiten mit besonderer Unfallgefährdung;
- Arbeiten, die mit häufigem oder übermäßigem Beugen, Hocken oder Bücken verbunden sind;

- Arbeiten, bei denen die Arbeitnehmerin übermäßigen Erschütterungen ausgesetzt ist.

Nicht unter den Kündigungsschutz fallen

- befristete Arbeitsverhältnisse, wenn die Befristung gesetzlich vorgesehen ist oder aus sachlich gerechtfertigten Gründen erfolgt,
- Probearbeitsverhältnisse,
- Arbeitsverhältnisse von Ausländerinnen ohne Arbeitsbewilligung und
- Arbeitsverhältnisse bei Stillegung eines Betriebes.

Die Arbeitnehmerinnen erhalten während der Schutzfristen **Wochengeld** in Höhe des Durchschnittsnettoverdienstes der letzten 13 Wochen zuzüglich der anteiligen Sonderzahlung. Hierfür ist der zuständigen Krankenkasse ein entsprechendes ärztliches Attest sowie eine vom Arbeitgeber ausgestellte Arbeits- und Entgeltbestätigung vorzulegen.

Im unmittelbaren Anschluß an die Schutzfrist nach der Geburt können beide Elternteile **Karenzurlaub** beanspruchen, und zwar entweder jeder Elternteil für sich ausschließlich oder beide Elternteile im einmaligen Wechsel. Der Karenzurlaub muß mindestens 3 Monate dauern und endet spätestens mit dem 2. Geburtstag des Kindes. Mütter, die den Karenzurlaub für sich alleine in Anspruch nehmen wollen, haben dies unter Angabe der Dauer ihrem Arbeitgeber bis zum Ende der Schutzfrist nach der Entbindung mitzuteilen. Der Karenzurlaub darf vom Arbeitgeber nicht verweigert werden. Wollen die Eltern den Karenzurlaub untereinander aufteilen, so haben sie dies unter Angabe von Beginn und Dauer dem Arbeitgeber spätestens 4 Wochen nach der Geburt des Kindes zu melden.

Wichtig: Der Arbeitgeber hat dafür zu sorgen, daß werdende Mütter, die Nichtraucherinnen sind, soweit wie möglich vor der Einwirkung von Tabakrauch geschützt werden. Muß die werdende Mutter wegen ungünstiger Arbeitsbedingungen auf einem anderen für sie geeigneten Arbeitsplatz beschäftigt werden, so hat der Arbeitgeber ihr den Durchschnittsverdienst der letzten 13 Wochen bzw. letzten 3 Monate weiterzuzahlen. Werdende und stillende Mütter dürfen grundsätzlich nicht – von wenigen Ausnahmen abgesehen – mit Arbeiten, die während der Nachtzeit (20 bis 6 Uhr) oder an Sonn- und Feiertagen zu verrichten sind, betraut werden. Überstundenleistungen sind für sie generell verboten. Die tägliche Arbeitszeit ist auf 9 Stunden und die wöchentliche auf 40 Stunden beschränkt.

Für die werdende Mutter gilt ein absolutes Beschäftigungsverbot für die Zeit von 8 Wochen vor dem voraussichtlichen Geburtstermin und 8 Wochen nach der Entbindung. Bei Früh- und Mehrlingsgeburten sowie nach Kaiserschnittentbindungen beträgt die Schutzfrist 12 Wochen. Entbindet die Mutter vor dem errechneten Geburtstermin, so wird die dadurch verkürzte Schutzfrist durch eine entsprechende Verlängerung der Schutzfrist nach der Entbindung ausgeglichen, allerdings jedoch bis längstens 16 Wochen.

Arbeitnehmerinnen, die in einem unbefristeten Dienstverhältnis

stehen, genießen während der Schwangerschaft bis zum Ablauf von 4 Monaten nach der Entbindung bzw. 4 Wochen nach Beendigung des Karenzurlaubs Kündigungsschutz. Dieser Kündigungsschutz besteht auch dann, wenn der Arbeitgeber von der Schwangerschaft zwar keine Kenntnis hat, die Arbeitnehmerin ihn aber hierüber innerhalb von 5 Arbeitstagen nach Ausspruch der Kündigung informiert. Der Kündigungsschutz erstreckt sich auch auf eine Teilzeitbeschäftigung.

Für viele Eltern lassen sich Kindererziehung und Berufstätigkeit besser miteinander in Einklang bringen, wenn sie anstelle des Karenzurlaubs eine Teilzeitbeschäftigung mit dem Arbeitgeber vereinbaren. Eine solche Regelung können beide Elternteile gleichzeitig mit ihrem Arbeitgeber treffen. In diesem Falle ist dann eine Teilzeitbeschäftigung bis zum 2. Geburtstag des Kindes möglich. Machen nur ein Elternteil oder beide aber im Wechsel hiervon Gebrauch, dann kann eine Teilzeitbeschäftigung bis zum 4. Geburtstag des Kindes ausgeübt werden.

Wird nur im 1. Lebensjahr des Kindes Karenzurlaub genommen, so können für das 2. Lebensjahr des Kindes beide Elternteile Teilzeitarbeit vereinbaren. Üben nur ein Elternteil oder beide Elternteile abwechselnd Teilzeitarbeit aus, so ist dies bis zum Ablauf des 3. Lebensjahres des Kindes möglich, allerdings auch nur dann, wenn im 1. Lebensjahr Karenzurlaub gewährt wurde.

Intensive Beschäftigung mit Ihrem Kind: der Karenz- bzw. Erziehungsurlaub ermöglicht Ihnen dies auch als berufstätige Mutter

Lehnt der Arbeitgeber den Antrag auf Teilzeitbeschäftigung innerhalb der 14-Tage-Frist ab, so kann die Mutter bzw. der Vater innerhalb von 14 Tagen nach Zugang der Ablehnung ersatzweise vom Recht auf Karenzurlaub Gebrauch machen, sofern der andere Elternteil keinen Karenzurlaub für diesen Zeitraum beansprucht.

Während des Karenzurlaubs erhalten verheiratete Mütter und ledige Mütter, die mit dem Kindesvater in häuslicher Gemeinschaft leben, in der Regel **Karenzurlaubsgeld** im Betrag von ÖS 176,40 täglich bzw. ÖS 5 292 monatlich (Stand 1993). In analoger Anwendung erhalten auch Väter bei Erfüllung der Anspruchsvoraussetzungen Karenzurlaubsgeld. In bestimmten Fällen können Mütter oder Väter **Sondernotstandshilfe** beziehen, und zwar längstens bis zur Vollendung des 3. Lebensjahres des Kindes. Voraussetzung hierfür ist, daß

- kein Anspruch auf Karenzurlaub mehr besteht,
- nachweislich keine Unterbringungsmöglichkeit für das Kind vorhanden ist und
- daher Mutter bzw. Vater keine normale Beschäftigung annehmen kann.

Die Sondernotstandshilfe beträgt 92 % des Arbeitslosengeldes.

Arbeitnehmerinnen, die während der Schutzfrist nach der Geburt ihres Kindes austreten, haben Anspruch auf die Hälfte der gesetzlichen Abfertigung, höchstens jedoch auf das Dreifache des monatlichen Entgelts, sofern das Arbeitsverhältnis mindestens 5 Jahre ununterbrochen bestanden hat.

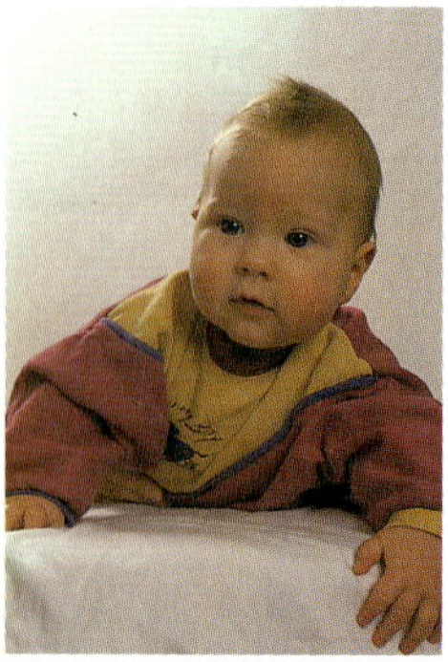

Nicht nur der Geburtenbeihilfe zu Liebe sollten Sie alle Mutter-Kind-Untersuchungen nach der Geburt in Anspruch nehmen

Nach der Geburt eines Kindes besteht Anspruch auf **Geburtenbeihilfe,** die beim Wohnsitzfinanzamt zu beantragen ist und in 4 Raten gezahlt wird. Sie beträgt insgesamt ÖS 15 000 (Stand 1993):

1. Rate in Höhe von ÖS 5 000 unmittelbar nach der Geburt (Voraussetzung: Mutter hat sich während der Schwangerschaft 5 Untersuchungen unterzogen, *und* das Kind wurde in der 1. Lebenswoche untersucht);
2. Rate in Höhe von ÖS 5 000 nach Vollendung des 1. Lebensjahres des Kindes (Voraussetzung: 4 weitere Untersuchungen des Kindes);
3. Rate in Höhe von ÖS 3 000 nach Vollendung des 2. Lebensjahres des Kindes (Voraussetzung: 1 Untersuchung des Kindes);
4. Rate als Sonderzahlung in Höhe von ÖS 2 000 nach Vollendung des 4. Lebensjahres des Kindes (Voraussetzung: 2 Untersuchungen).

Mit der Geburt des Kindes besteht auch der Anspruch auf **Familienbeihilfe** für den Elternteil, der den Haushalt hauptsächlich führt. Da dies in der überwiegenden Zahl der Fälle die Mutter ist, wird sie auch vom Gesetzgeber als die vorrangig Anspruchsberechtigte angesehen, die aber zugunsten des anderen Elternteils schriftlich verzichten kann. Die Familienhilfe beträgt ÖS 1400 monatlich (Stand 1993) und ist bei dem zuständigen Wohnsitzfinanzamt unter Vorlage der Geburtsurkunde des Kindes sowie der Meldezettel des Vaters, der Mutter und des Kindes zu beantragen. Das Finanzamt stellt dann eine Familienbeihilfekarte aus, die dem Arbeitgeber auszuhändigen ist.

... und in der Schweiz

Die Bestimmungen über den Mutterschutz für Arbeitnehmerinnen sind in den Gesamtarbeitsverträgen der Gewerkschaften eingearbeitet. In den Normalarbeitsverträgen muß – wenn die einzelnen Mutterschutzregelungen nicht aufgenommen sind – wenigstens ein Hinweis hierauf enthalten sein.
Die wichtigsten Bestimmungen zum Schutz der arbeitenden Mütter sind der Kündigungsschutz, das Beschäftigungsverbot sowie der Anspruch auf Lohnfortzahlung.
Die Arbeitnehmerin genießt während der gesamten Schwangerschaft und 16 Wochen nach der Entbindung Kündigungsschutz, d. h., der Arbeitgeber kann ihr in dieser Zeit nicht kündigen; sie hingegen kann aber jederzeit das Arbeitsverhältnis unter Wahrung der vereinbarten Fristen kündigen.
Für Ausfallzeiten, die aufgrund der Schwangerschaft einschließlich der Niederkunft entstehen, hat die Arbeitnehmerin Anspruch auf Lohnfortzahlung. Wie lange ihr der Arbeitgeber den Lohn fortzahlen muß, hängt von der Dauer des Bestehens ihres Beschäftigungsverhältnisses ab. Ein allgemeines Beschäftigungsverbot besteht aber innerhalb der ersten 8 Wochen nach der Geburt des Kindes, das nur auf Verlangen der Mutter und unter Vorlage eines entsprechenden ärztlichen Zeugnisses auf 5 Wochen verkürzt werden darf.
In der Regel gewähren die Krankenkassen während der Schwangerschaft und bei der Entbindung die Leistungen wie im Krankheitsfalle (s. Versicherungsvertrag), d. h., die anfallenden Arzt- und Hebammenkosten werden übernommen. Die Kosten für die Kontrolluntersuchungen vor und nach der Entbindung trägt ebenfalls die Krankenversicherung. Auf jeden Fall sollte sich die Schwangere möglichst umgehend nach Feststellung der Schwangerschaft über den Leistungsumfang ihrer Krankenversicherung Kenntnis verschaffen, um eventuell noch eine Zusatzversicherung abschließen zu können, für den Fall, daß über die Grundversorgung hinausgehende Sonderleistungen (z. B. Haushalts- und Familienhilfe von der Kasse nicht getragen werden.

Auch in der Schweiz gilt: Kündigungsschutz und Anspruch auf Lohnfortzahlung

Bei alleinstehenden Müttern stellt das Vormundschaftsgericht dem Kind einen Beistand zur Seite. Dieser soll als amtlicher Vormund die Rechte des Kindes (Vaterschaftsangelegenheiten, Zahlung der Alimente usw.) wahrnehmen und die Mutter beraten und betreuen. Die uneingeschränkte elterliche Gewalt obliegt jedoch alleine der Mutter.
Steht die Vaterschaft durch Anerkennung bzw. Gerichtsurteil fest und kommt der Vater seiner Pflicht zur Zahlung der Alimente nicht, teilweise oder nur unregelmäßig nach, so kann die Mutter die amtliche Inkassohilfe, die in allen Kantonen besteht, in Anspruch nehmen. Auch kann der Mutter unter bestimmten Voraussetzungen auf Antrag eine Alimentenbevorschussung gewährt werden.

Nützliche Adressen

Deutschland

Arbeitsgemeinschaft freier Stillgruppen
Rheingaustraße 14
56357 Welterod/Ts.

Arbeitsgemeinschaft Tagesmütter
Bödeckerstraße 62
30161 Hannover

BAMS-Beratung für alleinstehende Mütter und Schwangere e.V.
Pfarrgasse 17
69121 Heidelberg

Beratungsstelle für Natürliche Geburt und Eltern-Sein e.V.
Häberlstraße 17
80337 München

BDH, Bund deutscher Hebammen e.V. (BDH)
Postfach 1724
76006 Karlsruhe

Bundesministerium für Frauen und Jugend
Kennedyallee 105–107
53175 Bonn

Bundeszentrale für gesundheitliche Aufklärung
Ostmerheimer Straße 200
51109 Köln

Deutsche Arbeitsgemeinschaft Selbsthilfegruppen e.V.
Friedrichstraße 28
35392 Gießen
(vermittelt Kontakte zu Selbsthilfegruppen aller Art)

Deutscher Caritasverband
Karlstraße 40
79104 Freiburg

Deutsches Müttergenesungswerk
Hauptstraße 22–24
90547 Stein

Diakonisches Werk
Stafflenbergstraße 76
70184 Stuttgart

Elterninitiativgruppe intensiv behandelter Frühgeborener
Familie Tappermann
Flurgasse 17
41569 Rommerskirchen

Frauengesundheitszentren:
– Schwarze Bärenstraße 10, 93047 Regensburg
– Neuhofstraße 32 60318 Frankfurt a.M.

GfG, Gesellschaft für Geburtsvorbereitung – Geschäftsstelle –
Dellestraße 5
40627 Düsseldorf

Hauspflegedienst »Soziales Netz rund um die Geburt«
Häbelstraße 17
80337 München

La Leche Liga »Stillgruppen Deutschland e.V.«
Postfach 96
81220 München

Notmütterdienst e.V.
Sophienstraße 28
60487 Frankfurt a.M.

Pro Familia – Deutsche Gesellschaft für Sexualberatung und Familienplanung e.V.
Cronstettenstraße 30
60322 Frankfurt a.M.

VAMV, Verband alleinerziehender Mütter und Väter
Von-Groothe-Platz 20
53173 Bonn

Österreich

Alleinerzieher-Plattform Österreich
Carnergigasse 34
8010 Graz

Bundesministerium für Umwelt, Jugend und Familie
Franz-Josefs-Kai 51
1010 Wien

Eltern-Kind-Zentrum Salzburg
Herrengasse 30
5020 Salzburg

Familienhilfe der Caritas
Trauttmansdorffgasse 15
1130 Wien

Geburtshaus
Heiligenstädter Straße 217
1190 Wien
Leitung Dr. W. Adam und Dr. V. Korbel
(Geburtsklinik für alternative Geburtsmethoden)

Hebammenzentrum
Lazarettgasse 6/21
1090 Wien

Kammer für Arbeiter und Angestellte
Frauenreferat
Prinz-Eugen-Straße 20–22
1040 Wien

La Leche League (Stillgruppen)
Postfach
6500 Landeck

Schwangerschaftsberatungsstelle der Stadt Wien
Kundratstraße 3
1100 Wien

Verein für Tagesmütter
Gutzkowplatz 17
1130 Wien

Schweiz

Bestelladresse für die Broschüre »Das neue Kinderrecht«
Eidgenössische Drucksachen-Materialzentrale
Postfach
3000 Bern

BIGA
Bundesamt für Industrie, Gewerbe und Arbeit (Arbeitsrecht)
Bundesgasse 8
3003 Bern

Bundesamt für Sozialversicherung
Abteilung Familienfragen
Effingerstraße 33
3003 Bern

Evangelischer Frauenbund der Schweiz
Winterthurer Straße 60
8006 Zürich

Katholischer Frauenbund Schweiz
(Solidaritätsfonds für werdende Mütter)
Burger Straße 17, Zentralsekretariat
6006 Luzern 7

La Leche Liga (Stillberatung)
Geissbühlweg 24
8700 Küsnacht/ZH

Marie-Meierhofer-Institut für das Kind
Schulhausstraße 64
8002 Zürich

Pro Juventute, Zentralsekretariat
Seefeldstraße 8
8008 Zürich

Schweizerischer gemeinnütziger Frauenverein
(Beratung alleinstehender Mütter)
Zürichbergstraße 8
8032 Zürich

Schweizerischer Hebammenverband
Zentralsekretariat
Flurstraße 26
3000 Bern

Schweizerisches Rotes Kreuz
Rainmattstraße 10
3001 Bern

Weiterführende Literatur

Bartels, H. u. R.: Physiologie: Lehrbuch und Atlas, München-Wien-Baltimore, Urban & Schwarzenberg 1987

Buchholz, S.: Vorbereitung auf die Geburt: Schwangerschaftsgymnastik, Niedernhausen, Falken 1992

Bundeskammer für Arbeiter und Angestellte: Mutterschutz und Elternkarenzurlaub, Wien 1993

Bundeskammer für Arbeiter und Angestellte: Familientips, Wien 1993

Cotta, H., Heipertz, W., Hüter-Becker, A., Rompe, G.: Chirurgie, Frauenheilkunde, Stuttgart, Thieme 1989

Dick-Read, G.: Mutterwerden ohne Schmerz. Die natürliche Geburt, Hamburg, Hoffmann und Campe 1971

Dürer, G. u. G. Zeiß: Geburtsvorbereitung, Niedernhausen, Falken 1991

Eltern, Sonderheft Geburt, Eltern-Sonderreihe 021 Ausgabe 92/93, München, Gruner + Jahr AG & Co. KG 1993

Ewy, D. u. R.: Die Lamaze Methode: Der Weg zu einem positiven Geburtserlebnis, München, Goldmann 1979

Keller, L.: Wirbelsäulengymnastik, Niedernhausen, Falken 1992

Krahmann, H. u. F. J. Kaltenbach: Krankengymnastik bei Senkungszuständen des weiblichen Genitales, München, Pflaum 1986

Mörike, K. u. W. Mergenthaler: Biologie des Menschen, Heidelberg, Quelle & Meyer 1965

Mutter und Kind/Schwangerschaft und Geburt, 64. Jahrgang, Heidelberg, Dr. Kurt Haefner 1992

Nees-Delaval, B.: Ich bekomme ein Kind, Niedernhausen, Falken 1992

Nees-Delaval, B.: Wir werden Eltern, Niedernhausen, Falken 1987/1991

Broschüren der AOK –
Die Gesundheitskasse

1. Impfungen
   Frühzeitig vorbeugen
2. Kräuterbaden daheim
   Wasser, Wärme, Wohlgefühl
3. Medikamente
   Oft geht's ohne
4. Nichtrauchen
   Geschmack neu entdecken
5. Schwanger und entspannt
   Aktivposter Geburtsvorbereitung
6. Schwangerschaft und Geburt
   Gemeinsam wachsen
7. Streß abbauen
   Aktiv entspannen
8. Training für die Wirbelsäule
   Rücksicht auf den Rücken
9. Vitamine
   Die starken 13
10. Vollwert-Küche
    Natürlich genießen

Register

Im FALKEN Verlag sind zahlreiche Titel zu medizinischen Themen sowie zu Sport, Bewegung und gesunder Ernährung erschienen. Fragen Sie danach in Ihrer Buchhandlung.
Von derselben Autorin sind im FALKEN Verlag bereits erschienen:
Wirbelsäulengymnastik (Bd. Nr. 1246)
Rückbildungsgymnastik (Bd. Nr. 1470)
Schwangerschaftsgymnastik (Bd. Nr. 60028)

Dieses Buch wurde auf chlorfrei gebleichtem
und säurefreiem Papier gedruckt.

ISBN 3 8068 1423 6

Umschlaggestaltung: Elisabeth Berthauer
Gestaltungskonzeption: Horst Bachmann
Nachauflagenredaktion: Uwe Meilahn
Herstellung: Peter Beckhaus, Wilfried Sindt
Titelbild: STUDIO TEAM mbH/Wolfgang Zöltsch, Langen
Fotos: STUDIO TEAM Gesellschaft für Werbefotografie mbH/Wolfgang Zöltsch, Langen außer: dpa, Deutsche Presseagentur GmbH, Frankfurt: S. 85 unten, 86 oben; Hans Ehrhardt Fotografie, München: S. 8, 34, 68, 69; Hoffmann & Campe, Hamburg: S. 11 oben; Gisela Kelbert, Idstein: S. 33; B. Keim, Homberg, S. 88; MAPA GmbH, Zeven: S. 7, 104; Ulrich Niehoff, Bienenbüttel: S. 35, 37, 76, 77, 78 oben, 80, 82, 86 unten, 88, 89, 91, 97, 100–103, 105; Dr. L. Reinbacher, Kempten: S. 87; Stierlen-MAQUET AG, Rastatt: S. 85 oben.
FALKEN Archiv/Brigitte Harms, Hamburg: S. 70, 74 oben; / Modellbau Schnabel: S. 79; / Peter Pinzer: S. 38, 92, 96, 99; / Tessmann & Endres, Frankfurt: S. 64; / TLC, Velen-Ramsdorf: S. 72, 73, 74 unten, 75.
Zeichnungen: Gerhard Scholz, Dornburg: S. 13, 15, 27
FALKEN Archiv / Hartmut Dietrich, Dexheim: S. 42; / Katja Rosenberg, Wiesbaden: S. 90; / Gerhard Scholz, Dornburg: S. 14, 28

Satz: Grunewald Satz & Repro GmbH, Kassel
Druck: Merkur-Druck Mayer GmbH, Ostfildern 4

817 2635 4453